協働で学ぶ
クリティカル・リーディング

舘岡洋子 編著

目次

協働で学ぶクリティカル・リーディング　　1

- 本書を手にとられたみなさんへ　　1
- 学習者のみなさんへ　　5
- 教師のみなさんへ　　10

ユニット1　私と外国語学習　　15

- ユニット1　私と外国語学習（1）　日本語が上手になるには…　舘岡 洋子　　16
- ユニット1　私と外国語学習（2）　外国語上達法　千野 栄一　　22
- ユニット1　私と外国語学習（3）　外国語学　藤本 一勇　　31
- テーマ作文「私と外国語学習」　　41

ユニット2　私と国　　43

- ユニット2　私と国（1）　さまよえる老婆　徐 京植　　44
- ユニット2　私と国（2）　越えてきた者の記録　リービ 英雄　　53
- テーマ作文「私と国」　　61

ユニット3　私と異文化　　63

- ユニット3　私と異文化（1）　文化と理解Ⅰ　船曳 建夫　　64
- ユニット3　私と異文化（2）　文化と理解Ⅱ　船曳 建夫　　68
- ユニット3　私と異文化（3）　世界中がハンバーガー　多木 浩二　　74
- テーマ作文「私と異文化」　　81

ユニット4　私と学校　　83

- ユニット4　私と学校　なぜ子供は学校に行かねばならないのか　大江 健三郎　　84
- テーマ作文「私と学校」　　95

ユニット5　私と他者　　　　　　　　　　　　　　　　　97

- ユニット5　私と他者（1）　情けは人のためならず　上野 千鶴子……………　98
- ユニット5　私と他者（2）　自分だけのつぶやきを人に話してもいいの
　　　　　　　　　　　　　「他人に嫌われること」を気にしてはいけないの　西 研……　105
- ユニット5　私と他者（3）　あなたなしでは生きてゆけない　内田 樹………………　112
- テーマ作文「私と他者」………………………………………………………………　120

おわりに　　　　　　　　　　　　　　　　　　　　　　　　　　121

協働で学ぶ
クリティカル・リーディング

舘岡 洋子

■ 本書を手にとられたみなさんへ

1．本書の特徴

　本書には2つの大きな特徴があります。1点目は、目的として日本語を外国語（あるいは第二言語）として学びながら学習者が自分自身のことを振り返り、現在の自分を位置づけたり考えたりすることをめざしていること、2点目はそれを協働的な対話活動をとおして実現するということです。

　1点目は、読解授業（テキストを読むという授業）のコンセプトにかかわることです。そもそも外国語としての日本語の読解授業とは何をするのでしょうか。文字通りには「読んで理解すること」を行う授業ですが、読むとはどういうことか、理解するとはどういうことか、それを授業という場で行うというのはどういうことか、その考えの違いによって授業のあり方も変わってきます。本書では、日本語の文章を成り立たせている言語形式としての日本語の学習をヨコ糸とし、自分自身のことを振り返り自分自身は何者であるのかを追及していく過程をタテ糸として、タテ糸とヨコ糸で編みあげるのが授業だと考えています。しかし、タテ糸とヨコ糸というと、それぞれが独立した別のもののように見えますが、この2つはコンセプトとして述べているのであって活動としては一体のものです。読解授業についても、日本語で書かれたテキストを読んで日本語のことばの意味がわかるというだけでなく、そのテキストのメッセージを自分なりにとらえ、自分の場合はどうだろうと自分の問題として引き付けて考えることになります。考える過程では、たくさんの対話を繰り返し、その中で自分の考えを吟味し、また自分自身についても考え、自分の考えを発信していきます。つまり、各自がとらえたテキストの主張に対して、自分の視点で問題をとらえなおし、それを他者に向けて説得的に発信していくのです。

　いっぽう、今までを振り返ると、多くの日本語教科書あるいは読解教科書はヨコ糸のみを重視し、読解授業は解読作業に陥っているといわざるをえません。そこでは、ことばの学習は、言語知識あるいはスキルの獲得となり、何のために学んでいるのか、何を学ぶのかということが問われないままになっています。しかし、そもそも何のために学ぶのでしょうか、何を学ぶのでしょうか。それを考えた時に、タテ糸としての自分自身を振り返る過程がとても重要になってくるのではないかと思

います。

　このタテ糸とヨコ糸の統合を可能にするのが、2点目にあげた協働による学習であると考えています。自分自身のテキスト理解と他者のそれとを重ね合わせ、どこが同じでどこが異なっているかを検討する過程で、自分自身が無意識に考えていたさまざまなことに気づかされるというのは、私たちがよく経験することです。つまり、他者を媒介としてこそ、自らを振り返ることができるのではないでしょうか。他者は自分の鏡だというわけです。他者とのやりとりの中で、思い違いに気づいたり、自分の理解を見直したり、新たな視点を得たりすることができるでしょう。ひとりで考えていたときには全く思いつかなかったアイディアがでてくることもあります。さらには、テキストについて考えたことをきっかけに、自分自身がどんなことを考え、何を大切に思っているのか、どんな人間であるかを考えることにもなるでしょう。つまり、他者と対話をしながらテキストを読むということは、テキストの世界（対象）をわかろうとすること、そして、同じテキストをどのように読んだのかをとおして仲間（他者）をわかろうとすること、さらに、そのやりとりをとおして自分自身（自己）をわかろうとすることなのです（図1参照）。テキスト理解、他者理解、自己理解—この3者は独立の別々のものではなく、分ちがたく関わりあっています。同じテキストを読んで、なぜAさんはこう考えるのか、自分とどう違うのか、再びテキストを読み返し、テキストへの理解が変わることもあります。また、そのテキストをそのように読んだAさんへの理解が深まることもあります。さらには、自分のことにさえも新たな発見があるかもしれません。

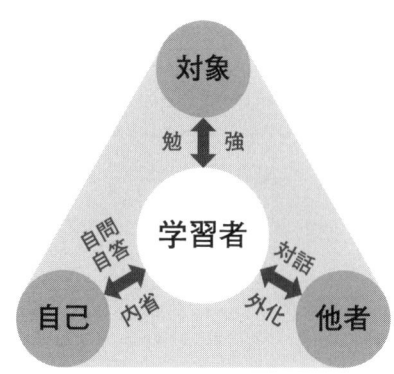

図1　協働による学びの場

　しかし、私たちが何かを読んで考えているとき、その過程は外からは見えません。そこで、見えない理解や考えを他者と検討できるような形に可視化するには、工夫が必要であり、教室という場でこそ、それは実現されるべきものなのだと考えます。そのための道具として、いっしょに取り組むべき「課題」をもうけてあります。課題をとおして、理解し、考え、表現するという一連の活動の中で、テキストはその活動の「媒介物」として、教室の学習者たちをつなぎ、学習者たちを同じ土

俵に上げる働きをするものとなります。同じ土俵に立ってはじめて、他者との重なりが明らかになり、異なりが明らかになるのです。このようにして、テキストと対峙し、他者と対話をし、自己自身と対話をするという場が教室で実現するのです（舘岡 2005、池田・舘岡 2007 ほか）。

そこで、本書は、テキストを媒介として理解し、考え、表現する授業として以下のような目的をあげ、それを実現するための「教材」として作られました。ここで、「教材」と括弧をつけているのは、固定的な従来の教材とはちょっと違うからです。テキストにこめられている筆者の主張を正しく解読し、把握するための「固定的な材料」というよりは、むしろ、先に述べたような活動を具現化するための共通の「土俵づくりの材料」だと考えています。本書は、筆者の勤務する大学で留学生の中級日本語として 2007 年度から筆者が開講している「クリティカル・リーディング」(注)という授業の一部を再現する形になっています。

授業の目的は以下のとおりです。

1）文章（評論文、エッセイなど意見を主張した文）を批判的に読み、理解する
2）テキストと自分の考えや経験とをつなぐ
3）仲間との対話を重ねることにより、自身の思考の深化・進化をめざす
4）仲間のことを知る、自分のことを知る

上記を実現するために、教室ではさまざまな活動を行います。テキストを理解するために、また、テキストのテーマを自分自身の問題としてとらえなおしその問題意識を深めていくために、クラスメイトといっしょに取り組む課題を用意しました。具体的には、それは「提出シート」という形で実現されています。

また、自分とテーマをつなぐことの重要性から、それぞれのユニットのタイトルを「私と○○」とし、課題をとおしてテーマを自分の問題として考えられるようにしました。

2．本書の構成

本書は以下に示すように、5つの内容のユニットからなっています。各ユニットのテーマは、「クリティカル・リーディング」という授業の中で、今まで、比較的みなさんの関心が高かったもの、ディスカッションによって互いの考えが変化し、深まっていったものを選びました。

〈ユニット1〉　私と外国語学習
　　なぜ外国語を学ぶのか、私と対象外国語（日本語）との関係を考える

〈ユニット2〉　私と国
　　留学の経験や身近な体験から、私と国との関係を考える

〈ユニット3〉　私と異文化
　　異文化とは何か、異文化を体験するとはどういうことか、自分の経験と重ねながら考える

〈ユニット4〉　私と学校
　　なぜ学ぶのか、なぜ学校へ行くのか、自分の経験と重ねながら考える

〈ユニット5〉　私と他者
　　私という存在について、他者とのかかわりの中で考える

　各ユニットは1つから3つのテキストを用いて構成されています。ユニット4以外は、ユニットのテーマについて少しずつ異なった観点から書かれた複数のテキストを読み、話し合い、考えることによって、当該テーマについてさらに考えを深めることができることをねらいとしています。ユニット4は少し長いエッセイの全文を読み、筆者の主張を考えながら自分のことを振り返ります。
　どのユニットもテキストを読み、他者と対話をするという活動をとおして考えたことを、ユニットの最後には「テーマ作文」として書くことになります。たとえば、ユニット1「私と外国語学習」は3つのテキストから構成されています。

例：ユニット1「私と外国語学習」

1．ユニットの表紙（ねらいと構成）	予習シート
2．テキスト1「日本語が上手になるには…」→	テキスト
3．テキスト2「外国語上達法」	提出シート①（理解）
4．テキスト3「外国語学」	提出シート②（表現）
5．テーマ作文「私と外国語学習」	提出シート③（まとめ）

　1つのテキストについては、「予習シート → テキスト → 提出シート①（理解）→ 提出シート②（表現）→ 提出シート③（まとめ）」の構成になっています。それぞれのテキストについて、提出シート③（まとめ）で作文を書きます。実際には、毎回、授業の様子を見て、次の授業の提出シートを作っていましたから、動態的に作られていき、固定したものではありませんでした。また、形式も整ったものでは

ありませんでした。しかし、本書ではシンプルに一案を示すことにします。

　また、複数のテキストを読み、考えて、ユニットの最後には、「テーマ作文」を書きます。

　提出シートは、活動をするための指針です。このようなシートを必ず使うということではなく、むしろ、このシート作成の意図を汲んで、それぞれの教室にあわせてオリジナルなものを作成していただきたいと思います。提出シートそれぞれについて、どのような意図で作成したかを使い方を含めて後で説明します。

(注)
「クリティカル・リーディング」という授業は、「テーマ科目」という選択科目の中の1つで、週に1コマ（90分）、中級日本語学習者を対象に開講された。毎年、コンセプトは同じであっても、とりあげるテキストや配布する教材は異なり、活動の内容も多様である。本書では、活動プランの一例として、各ユニット同一フォーマットで提示した。

■ 学習者のみなさんへ

1. 読解授業とは

　本書は今までみなさんが手にとったことがある「読解」の教科書とは、ずいぶん違っているのではないかと思います。それは、めざしていることが違うからです。冒頭に述べたように本書には2つの特徴があります。1つは、日本語を学びながら自分のことを考えてみよう、位置づけてみようということ、もう1つは対話をとおして協働によってこの活動を進めようということです。

　今までみなさんが受けた「外国語の読解」の授業はどんなものだったでしょうか。「家では、予習としてテキストを読んでくる」→「授業では、わからないところについて質問したり、先生の質問に答えたりする」という流れで進められることが多く、「日本語で書かれたテキストがわかること」あるいは「本文に対する設問に答えられること」が目標になっていたのではないでしょうか。別の言い方をすれば、「テキストの日本語が読めた」というところまでで、みなさんの学習が終わっているということはないでしょうか。

　ここで提案したい授業は、「テキストがわかる」というプロセスは、答えが1つではないということをクラスメイトとともに考えるような授業です。テキストに書かれていることをどう理解するか考えることによって、テキストのテーマそのものについて考え、さらには自分自身のことも考えてみようということをねらっています。この主張は、読解授業とは「筆者の主張を正しく理解することだ」と思っている人にはちょっとわかりにくいと思いますから、もう少し説明を加えましょう。
みなさんの目の前には日本語で書かれたテキストがあります。ここでいうテキストとは、教科書のことではなく、まとまった文章として書かれたもの、読む対象を指しています。このテキストはある筆者が書いたもので、筆者は自分の「思い」や「考え」を日本語ということばを使って「形」にしたものです。この形になったものだけ

が私たちの目の前にあります。私たちはこの形になっているテキストから、筆者のメッセージを受け取ろうとします。しかし、筆者が何を考えていたのか、どんな思いがあったのかは、実はわかりません。筆者はここにはいないのですから。また、読み手である私たちもさまざまな異なった経験や背景をもっていますから、テキストの中のことばや表現の1つひとつについての理解やそこから浮かぶイメージは人によって異なっています。

　そこで、テキストについて、クラスメイト同士が互いに「どう読んだのか」「なぜそのように読めるのか」を話し合います。つまり、同じテキストを読んでも、人によってどう理解したのかは異なりますから、話し合いによって、クラスメイトたちの読みの重なっているところと異なっているところを明らかにします。そして、なぜ異なりが出てきたのか──Aさんはこう考えているようだけれど、私はどうか──を考えることによって、自分自身の考えを明らかにしようとします。この明らかにする過程で、自分の読みの根拠となるものを再びテキストの中に探さなければならなくなるでしょう。また、テキスト外の背景知識に根拠を求めることもあるでしょう。クラスメイトと話し合う理由がここにあります。自分の考えというのは、自分でわかっているように思われますが、実際にはあいまいなもので、たとえば説明を求められるとうまく答えられないという場合がよくあります。クラスメイトと話し合うことは、仲間と意見交換をして多様な意見を知るという意味もありますが、それ以上に、自分の考えがわかってくるということなのです。つまり、クラスメイトとのやりとりをとおして、最初はあいまいだった自分の考えがはっきりしたり、あるいは自分はこうだと思い込んでいた考えが違うのではないかと気づいたりしてきます。この対話のプロセスで自分自身の考えを振り返り、さらにはテキストの理解にとどまらず、自分自身を振り返ることになります。これが、クラスメイトとの協働をとおして、日本語を学びながら自分のことを知るということです。

2．理解活動と表現活動の関係

　本書ではテキストの理解活動と表現活動を一連の活動として展開できるようになっています。なぜ理解したことをさらに表現するのか、考えてみましょう。

　今まで、みなさんはどのようにして外国語で書かれた本や論文を読んできたでしょうか。1行ずつ丁寧に読んで、わからないところがあると気になって辞書を引いたりしていたかもしれません。その場合は、授業にのぞみ、テキストの中のわからないところがない状態になれば、満足できたかもしれません。しかし、本書は日本語ということばを学ぶために日本語で書かれたテキストを読むということを目標にしているのではありません。筆者のメッセージを自分なりに読み取り、それに対して自分の意見をもち、それを他者と対話をすることをとおして、そのテーマについてもっと考えてみたいと思うのです。そうなると読んで終わりではなく、読むプ

ロセスで考え、さらに自分の意見を発信しそれを深めていくことが必要になります。このとき、「理解すること」「考えること」「表現すること」は連動したものとなります。このプロセスをつなぐのが「対話」です。(図2参照)

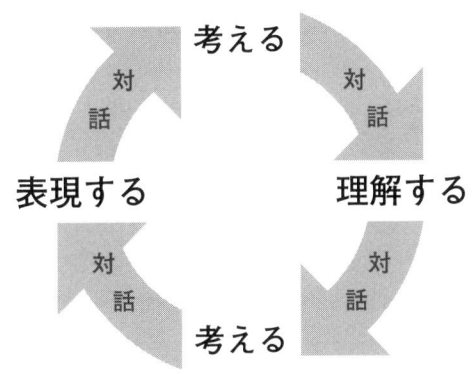

図2 対話による思考のサイクル

　本書の活動では、まずひとりでテキストを読みます。そして、互いの理解について話し合い、再びテキストに戻って考え、さらに自分の理解を検討する、というように対話によって理解プロセスが作られます。また、理解したことを自分の問題として考え、それを作文として表現します。その過程でも話し合い、さらに作文を書きなおし、場合によってはまたテキストに戻るというように、理解することと表現することをいったりきたり、話し合いながら進めていくのです。

　これは、「理解することと考えることと表現することは連動したもの」であり、そのプロセスで「自分以外の人と対話をすること」によって、その中身がはっきりしてくる、と考えるからなのです。ほかの言い方をすれば、「理解したことに基づいて考え、考えたことに基づいて表現する」のではなく、なんとなく理解したような気がすることをなんとかことばにしてみて、それを「こういうこと？」「これでいいの？」とやりとりをする中で、テキストをどう理解したかがはっきりしてくるし、また、それについて自分がどう考えているかが立ち上がってくるということです。対話をとおして理解したことや考えていること、表現したいことが形になってくるといっていいでしょう。

　仲間とこのような活動をしていると、テキストの読み方も変わってきます。「テキストを読んで書かれていることがわかった」と思ったところで終わらずに、「考えながら読む」ようになるのです。テキストに書かれたことを理解しながら、自分の問題として考え、自分自身を進化させていくことができるとしたら、それこそがテキストを読む意味ではないでしょうか。このことを今までの学習者たちの声を聞きながら、少し説明しましょう。

> **学習者Aさん**
> （テキストに書かれていることが）はじめは顔がぼんやり見えるようだったけど、話し合っているうちに、だんだんと鼻や目などもはっきり見えるようになってきた感じ、はじめは骨だけだったのが、肉がついてきた感じ。

　理解について。1行ずつ、あるいは1段落ずつ、頭の中にまずテキストについての理解ができあがって、それをことばにして口から出すのではなく、対話を繰り返す中で、ぼんやりとしていた理解がだんだんはっきりとしてきたということです。

> **学習者Bさん**
> 自分が言いたいことはあると思っていたけれど、話し相手のクラスメイトにこういうこと？　と確認されると、そういうことなのかどうかわからなくなってしまった。それがきっかけになって、自分はそう思っていたのか、もっと考えるようになった。実は言いたかったことは、○さんと話し合っている中で、だんだんわかってきた。

　考えを表現することについて。話したいことがしっかりと最初にあって、それを日本語を使って相手に伝える、ということではなくて、話したりやりとりをしたりする中で言いたいと思っていたことが形になっていくということのようです。

> **学習者Cさん**
> このような授業に参加してテキストの読み方が変わりました。最初は、わからない部分、細かい部分が気になっていました。でも、だんだんそういうことはそんなに大切なことではない、もっと全体を読んで、メッセージをつかむことが大事だと思うようになりました。読みながらもっと考えるようになったと思います。

> **学習者Dさん**
> 授業というのは先生に教えてもらうと思っていました。でも、自分でたくさん考えました。

　また、テキストの読み方が変わり、授業の参加の仕方も変わっていったようです。

　対話ができる相手がいるというのは、自分の考えを深めていくうえでとても重要なことです。また、話すだけでなく、それを書いてみるとさらに自分の考えがはっきりしますし、互いに書いたものに基づいて話すことができます。読者のみなさんもぜひ友だちと対話をしてほしいと思います。具体的な授業活動としては、タ

スクシート（提出シート）を用意しましたが、必ずしもこれにこだわる必要はありません。ただ、見えるようにすること（可視化）がだいじなので、このようなシートに書いてみることは役に立ちます。友だちと議論してみて、なぜ彼／彼女はそのように考えるのか、なぜ私はこう考えるのか、その違いはどこからでてくるのか、ということを考えてみる必要があります。そうすることによって、友だちのことが少しわかってきたり、自分の何かに気がついたりするのではないかと思います。

3．活動の流れ

テキストを読んで対話をする場合には、だいたい次のような流れで進めるとよいでしょう。

1）まず筆者は何を主張しているかを考えます。
2）筆者の主張について、自分の考えをまとめます。
　このとき提出シートに書いたり作文を書いたりして、論点が見えるようにします。
3）友だちと話し合います。
4）友だちとあなたのどこが同じでどこが異なっているのかに注目します。
5）そのように考える根拠がどこにあるのかをテキストから探します。
　また、テキスト外に根拠がある場合は、どこに根拠があるのかを明らかにしようとします。
6）なぜあなたはそのように考えたのかを振り返り、その理由も考えてみます。
　また、友だちのようにあなたは考えることができるかどうかも検討します。
7）もう一度、自分の最初に書いたものを振り返り、書きなおします。
8）全体のプロセスを振り返り、自分がどう考えていて自分の考えがどう変わったかを振り返ります。

このような流れで、テキストについて対話をすることによって、テキストの世界により深く浸ることができ、友だちのことも自分のことも以前より理解が深まってくるのではないかと思います。

なお、予習のために以下のようなインターネット上の辞書サイトも参照してください。
　○チュウ太のweb辞書　http://chuta.jp/
　　電子テキストをコピー＆ペーストすると、使われている単語の読み方、翻訳、例文、レベルが出てきます。複数の言語で（日本語から日本語も）利用できます。電子テキストになっていないと、自分で打ち込まなければなりません。
　○Jim Breen's WWJDIC　http://www.csse.monash.edu.au/~jwb/cgi-bin/wwwjdic.cgi?1C

英語母語話者には便利です。
　○ AddRuby　http://addruby.com/
　　　入力されたURLのWebページに、ふりがなを振ることができます。ふりがなの種類をひらがな、カタカナ、ローマ字から選べます。
　○ YOMOYOMO　http://yomoyomo.jp/
　　　入力されたURLのWebページやコピー＆ペーストした電子テキストにふりがなを振ることができます。

■ 教師のみなさんへ

１．授業のコンセプト

　今までの読解教材を見ると、多くはテキスト理解そのものが目的となっています。具体的にいえば、ほとんどの読解教材では構成は本文とその理解を助ける部分とからなっています。理解を助ける部分とは、単語リスト、文型説明、文型練習、背景資料、内容理解質問などです。つまり、これらの読解教材では、「日本語で書かれたものを読む」ということが目的になっているといえるでしょう。

　しかし、本書では日本語の教室を「日本語学習コミュニティ」ととらえ、教室のメンバーが互いにテキストをめぐってやりとりをし、テキスト理解を深め、クラスメイトへの理解を深め、自分自身の考えを深め、自分のことを振り返ることができることをめざしています。そして、そのような場は「日本語学習コミュニティ」の参加者である、教師と学習者がいっしょに創るものだと考えています。

　教室がどのような場であるかは、授業者それぞれに異なった考えをもっているでしょう。したがって、実現される授業も異なったものになると思われますし、そこでの教材や課題や活動の意味は異なってくるでしょう。本教材は、授業を行うに先立って、教えるべきことや教えたいことをリストアップして教材という形にまとめた、というものではなく、むしろ、試行錯誤の教室活動の１つの姿として、今まで使ったテキストを教材化したものです。教材化といっても、いたってシンプルなもので、重要なのは、むしろ、教室活動のデザインのほうではないかと思います。どのようなコンセプトで授業活動をしてきたのかを次に簡単にご説明したいと思います。

　まず、読解授業のコンセプトとして冒頭に２つの特徴をあげました。１点目は、日本語を外国語（あるいは第二言語）として学びながらも学習者が自分自身のことを振り返り、現在の自分を位置づけたり考えたりすることをめざしていること、２点目はそれを協働的な対話活動をとおして実現するということです。教室という場

には多様な学習者が複数集まってきます。教室の仲間との協働をとおして、先に述べたタテ糸とヨコ糸の統合が可能となるのではないでしょうか。タテ糸とヨコ糸の織り成すものが授業だととらえた上で、クラスメイトとのやりとりを通して、自分への理解や自分の考えをつくっていくこと、それを表現できる自分のことばをつくっていくことが教室で行う活動となります。テキストに書かれていることをめぐって、自分は何を考えたか、自分がいいたいことは何か、相手がいおうとしていることは何か、を考えていきます。1つの考えを表すにもどんなことばがぴったりかをあれか、これか、仲間とやりとりしながらみつけます。本書にあげたテキストや提出シートはこのような活動の媒介物として用いられます。

　筆者はこの数年、教室における協働をテーマに、どのようにしたら互いの読み(テキスト理解)が深まるか、その過程で自分自身の考えを深化・進化させていくことができるか、さらには自分を振り返り自分を位置づけることができるのかという問題意識をもちつつ、「クリティカル・リーディング」という留学生のための日本語の授業を行ってきました(本書では Critical Reading を略して CR ということがあります)。毎学期、授業名は同じですが、内容はその都度、変わってきています。また、実際の授業では、特徴の2点目にあげた「仲間といっしょに学ぶ」というところには、「日本語学習者」「実習生(大学院の実践研究の授業の一環として参加している大学院生)」「授業ボランティア(グループの対話活動に参加しているボランティア)」などが「仲間」として参加しています。つまり、教師だけでなく、実習生も授業のデザインに参加し、教師と日本語学習者をつなぐ媒介役を担っているのです。さらには、学習者自身も自分たちの授業を創ることに参加し、授業のあり方や進行に大きな影響を与えています。つまり、日本語学習者、教師、実習生、授業ボランティアからなる「ハイブリッドな学習コミュニティ」が、考え、活動し、振り返りつつ、授業そのものをいっしょに生み出しているのです(市嶋・舘岡・初見・広瀬・古屋2010, 舘岡2010、2011、2012)。

2．具体的な進め方の案

　上記に述べたように、本書は従来の教科書とはまったく異なったコンセプトから作られています。したがって、従来のいわゆるオーソドックスな読解教科書にみられる「本文」「語句説明・文法説明」「内容質問」「発展課題(話し合いなど)」といった構成に縛られないものにしたいと考えました。しかし、従来の読解教科書にくらべると、学習者の主体性を重視し、活動を中心としているために、教科書といった固定的な形に作ることになじまない面があるのもたしかです。そこで、なるべく全体をシンプルな構成にし、授業者の創意工夫が生かしやすいようにしたつもりです。活動の意図を具現化するために、課題を示した提出シートを用意しましたが、これは1つの案であって、これをリフォームするなりまったく異なったものに作り替え

るなりして、授業者の意図を実現してください。提出シートは話し合いの論点を「焦点化する工夫」ととらえていただければと思います。

先に書いたように、本書は授業者が意図する授業を実現するための材料ですので、必ずしもここに提示する使い方にしばられる必要はありません。提出シート自体も毎回、授業の様子を見て工夫しながら作成していたため、固定的なものがあったわけではないのです。参考のために、どのように使ったかを1つの例として、具体的にお示ししたいと思います。

●テキスト：テキストは「筆者の主張が比較的はっきりしているもの」で「自分の問題として考えやすいのではないかと思われるもの」を選びました。

原文をそのまま載せてあります（一部、省略してある場合がありますが、書き直しはしていません）。必要だと思われるものにはふりがなをつけました。自分で読みながら必要に応じて、辞書を使います。また、p. 9にあげたようなインターネットの辞書サイトを使うのもお勧めです。

●予習シート：授業に参加する前に、ひとりで予習するときの助けになるように作られています。質問の内容は、テキストの内容にそったもので、文章の基本的な理解をめざしていますので、質問に答えられるように読んでいけばだいたいの理解ができるようになっています。予習の段階では、このシートの質問に答えながら読んでみることをお勧めします。答えにくかった問いやわからなかった問いについては、授業の最初に質問を受け付けます。

●提出シート①（理解）：授業中に配布して「課題」について話し合います。3、4人の小グループで話し合い、話し合いの結果を模造紙やA3サイズの紙に書き、貼り出すことによって、クラス全体で共有します。書き出すというのは、重なっている点と異なっている点を可視化するためです。グループごとの違いを検討することによって、さらにテキストに戻って、理解を確かめたり、ディスカッションをしたりします。グループで同じ1つの意見にまとまらない場合もありますので、その場合は意見ごとに1枚の紙に書いていきます。

授業後は、宿題として提出シート①に各自が記入をして、次の授業時に提出します。みんなで授業中に話し合ったことをもう一度ひとりで復習として振り返り、自分の中で考え直してみることはとても重要な活動です。この時点でさまざまな気づきが生まれたことを多くの学習者たちが語っています。

●提出シート②（表現）：授業前に配布して、学習者は〈宿題〉の部分についてメモを書いてきます。理解したことをもとに自分の経験とつないで、考える試みです。

まず、テキストにおける筆者の主張について簡単にまとめます。これは理解活動のまとめにもあたります。つぎにその主張と自分の経験や自分の考えとを重ね合わせてみます。これは、テキストのテーマを自分の問題として考えるという活動です。次に、自分の中に生まれた「書きたいこと・考えたいこと」をメモします。宿題はここまでです。授業では、宿題をもとに話し合い、自分の作文プランについても仲間からコメントをもらいます。授業時間の最後には、もらったコメントをメモし、そのコメントについて自分が考えたことをメモします。理解から表現に移る活動で、もう一度筆者のメッセージをとらえなおそうとしたり、また、クラスメイトと自分との異なりに多く気づいたりして、活動が活発になります。

●提出シート③（まとめ）：提出シート②のコメント、自分で考えたことをもとに、次の授業に向けて、提出シート③として作文を書きます。この作文は、クラスのメーリングリストに提出され、あらかじめ決められた自分のグループの学生の作文を次の授業までに読んできます。授業では、グループの仲間の作文に対して、ピア・レスポンスを行います（池田・舘岡 2007 参照）。よかったところ、おもしろいところなどの感想を述べ、わかりにくかったところやこうするとよくなるところにコメントします。作文そのものの言語的な修正をおこなうことが目的ではなく、自分のアイディアを他者に伝えようとすること、やりとりを通して自分の考えをはっきりさせていくこと、そして、他者の考えをわかろうとすることに大きな目的があります。何度もやりとりをする中で自分の主張がはっきりしてきますし、それを表現する適切なことばが生まれていきます。

　基本的には上記のような流れで進めることを想定して、予習シートや提出シートは作られていますが、授業者が意図するところにしたがって、たとえば、授業中に提出シート①を配布せずにあらかじめ宿題にしておくなど、多様な使い方ができると思います。また、ここで示したように理解シート、表現シートと分けないで、理解→表現が連続して１つの活動となるようなデザインもできるでしょう。
　上記のようにしてテキスト３つを読んだ後、ユニットの大きなテーマのもとで「テーマ作文」を書くことになります。しかし、テキストごとにすでに書いているので不要だと考えれば、テーマ作文を省略することもできますし、また、テキストごとに作文（提出シート③）を書かずに、最後に１つテーマ作文を書くという方法も考えられます。

＊　　　　＊　　　　＊

本書は冒頭で述べたように、自分自身のことを振り返り位置づけることをタテ糸とし、日本語の言語形式の学習をヨコ糸として、対話を通して協働して編み上げるのが日本語の授業だという考えに立っています。タテ糸とヨコ糸といっても、別々の活動というわけではありません。つまり、テキスト内の重要な文型を取り出して説明し、練習するといった活動も行うし、一方、テキストを読んだ後に自分ならどうするのかといった感想を述べる活動も行う、ということではないのです。両者は、対話をとおして、1つの活動として統合されるのです。

　タテ糸とヨコ糸でどのような織物を編み上げるのかは、学習者自身です。教室はその活動の場としてタテ糸にもヨコ糸にもさまざまな彩を加えるでしょう。学習者のみなさんたちが協働し、また教師もその協働に加わって、みなさんで個性豊かな美しい織物を織り上げてくださることを期待しています。

参考文献

・池田玲子・舘岡洋子（2007）『ピア・ラーニング入門―創造的な学びのデザインのために』ひつじ書房

・市嶋典子・舘岡洋子・初見絵里花・広瀬和佳子・古屋憲章（2010）「ハイブリッドな学習コミュニティーにおける学び ― クリティカル・リーディングの実践を通して」『WEB版　日本語教育　実践研究フォーラム報告』（http://wwwsoc.nii.ac.jp/nkg/kenkyu/Forumhoukoku/2009forum/round2009/RT-Ditijima.pdf）

・関正昭編・平高史也編著・舘岡洋子著（2012）『読解教材を作る』スリーエーネットワーク

・舘岡洋子（2005）『ひとりで読むことからピア・リーディングへ―日本語学習者の読解過程と対話的協働学習』東海大学出版会

・舘岡洋子（2010）「多様な価値づけのせめぎあいの場としての教室―授業のあり方を語り合う授業と教師の実践研究」『早稲田日本語教育学』7号, 1-24　http://hdl.handle.net/2065/29807

・舘岡洋子（2011）「協働による学びがはぐくむことばの力―「教室で読む」ということをめぐって」『早稲田日本語教育学』9, 41-49.　http://hdl.handle.net/2065/31743

・舘岡洋子（2012）「テキストを媒介とした学習コミュニティの生成―二重の対話の場としての教室」『早稲田日本語教育実践研究』1, 57-70.　http://hdl.handle.net/2065/34125

・舘岡洋子（2013）「日本語教育におけるピア・ラーニング」中谷素之・伊藤崇達 編著『ピア・ラーニング―学び合いの心理学』金子書房　187-203

ユニット1
私と外国語学習

　あなたは今、日本語を勉強しています。日本語以外の外国語も勉強したことがあるでしょう。外国語を勉強するとき、あなたは「○○語がペラペラになりたい」と思って、勉強するのではないでしょうか。でも、「○○語がペラペラになる」って、具体的にどうなることなのでしょうか。よく使うフレーズをたくさん覚えて、たくさん使うことでしょうか。あるいは、○○人とたくさん会話ができるようになることでしょうか。あなたにとって、「○○語がペラペラになる」ってどんなことなのかを考えてみましょう。また、自分がどんなふうに外国語を使っているかを振り返ってみましょう。そして、クラスメイトとどんなふうに外国語を使っているかを話し合ってみましょう。

テキスト1	日本語が上手になるには…	舘岡 洋子
テキスト2	外国語上達法	千野 栄一
テキスト3	外国語学	藤本 一勇
テーマ作文	私と外国語学習	

ユニット1
私と外国語学習(1)

日本語が上手になるには… 　　　　　　　　舘岡 洋子

予習のために

❶ 筆者はどんな仕事をしていますか。

❷ 筆者は、学生に「どうしたら日本語が上手になりますか」「日本語が上手になりたいんですけど、どうやって勉強したらいいですか」と質問されたとき、以前は、どのように対応していましたか。

❸ 筆者は、学生に「どうしたら日本語が上手になりますか」「日本語が上手になりたいんですけど、どうやって勉強したらいいですか」と質問されたとき、最近は、どのように対応していますか。

❹ 筆者の学生の質問に対する対応は、どうして以前と最近で変化しましたか。

❺ 自分に合った学習方法を見つけるために、筆者が必要であると考えていることの1つ目はどんなことですか。

❻ 自分に合った学習方法を見つけるために、筆者が必要であると考えていることの2つ目はどんなことですか。

❼ 筆者は、自分に合った学習方法を見つけるために必要な2つのことに、どのような関係があると考えていますか。

日本語が上手になるには…

舘岡 洋子

　「どうしたら日本語が上手になりますか」「日本語が上手になりたいんですけど、どうやって勉強したらいいですか」——今まで、こんな質問をたくさんされてきました。まあ、日本語を教えるという仕事をしているのですから、聞かれるのは当然といえば当然なのですが…。

　そんなとき、昔は「テープを何度も聞いたらいいと思いますよ」とか「日本人の友達を作ったらいいんじゃないでしょうか」などと答えていたように思います。しかし、最近はどう答えていいかわからなくて、「そうですね、どうしたらいいかな」といっしょに考えこんでしまうというのが正直なところです。

　どうして即答できなくなってしまったのでしょうか。それは、人それぞれ目指していることも違うし、その人に向いている学習方法も違うと思うからです。結局は自分で自分にあった方法をみつけていくしかないのではないでしょうか。

　それには、ひとつは学習についての自分自身の考え方を問い直すということです。日本語を学んでいる人の多くは、すでに日本語のほかにも外国語を学んだ経験があるでしょう。その経験からみなそれぞれが、実はこうしたらよりよく学べるといった自分なりの考えやことばの学習とはこういうものだといった「学習観」をもっていると思います。このような「学習観」は、自分自身でも気がついていないことが多いので、一度振り返ってみる必要があります。その上で、さまざまな方法を試してみるといいのではないかと思います。また、友だちの学び方や学習観を聞いてみて、自分のことを振り返ることも役に立つと思います。案外、これが学ぶということだと思っていた学習についての常識は、たまたま自分の学校で行われていたことであって、自分自身に本当にふさわしいものとはかぎらないかもしれません。

　ふたつめに、さらに重要なのは自分にあった学び方を考えるときには、「自分」と「日本語」との関係をよくよく考えてみることだと思います。自分はなぜ日本に来たのか、自分はどうして日本語を勉強しているのか、日本語を使って何ができるようになりたいのか。学習への動機を明確にしていく必要があります。自分が学ぼうとする動機が自分の外にある場合よりも内にある場合のほうがその学習が進むといわれています。たとえば、誰かに褒められたり認められたり、あるいは報酬が受けられるから学ぶという場合よりも、学習内容に興味をもって取り組むほうがその学習が進むわけです。

　そして、自分が目指すことを明確に意識化することと、それにともなった学び方を選んでいくことは、実は別々のことではないのではないかと思います。自分が真剣にその道を究めようと思ったら、その方法も同時に工夫し考えるに違いありません。日本語が上手になるためには、自分と日本語との関係をよくよく考えることこ

そ最優先の課題だといえるのではないでしょうか。

舘岡 洋子（たておか ようこ）

早稲田大学大学院日本語教育研究科教授。

早稲田大学大学院教育学研究科博士後期課程修了。博士（学術）。専門は日本語教育学、教育心理学。1987年よりアメリカ・カナダ大学連合日本研究センター、2001年より東海大学留学生教育センターを経て、2007年より現職。主な著書に、『読解教材を作る』、『プロセスで学ぶレポート・ライティング―アイデアから完成まで』、『ピア・ラーニング入門―創造的な学びのデザインのために』、『ひとりで読むことからピア・リーディングへ―日本語学習者の読解過程と対話的協働学習』、『日本語教育法概論』などがある。

本文は、『日本語センターニュース第23号』（早稲田大学日本語教育研究センター 2007）に掲載されたものである。

日本語が上手になるには…
CR 提出シート①

理 解

ユニット 1

	提出日		なまえ	
グループメンバー（名前を書く）				
いま記入する	読むことについて（チェックする）	予習	a. よくわかった　　　　　b. まあまあ c. ちょっと難しかった　　d. とても難しかった （理由：　　　　　　　　　　　　　　　　　　）	
		授業の中でよく理解できるようになりましたか	a. よくわかった　　　　　b. まあまあ c. まだちょっと難しい　　d. まだとても難しい （理由：　　　　　　　　　　　　　　　　　　）	
	今日の授業で感じたこと、考えたこと			

課題 1
筆者が学生に日本語が上手になる方法を聞かれたときの対応に、以前と最近でどのような変化がありますか。

課題 2
筆者は、課題 1 の変化がどうして起こったと考えていますか。

課題 3
筆者は自分で自分に合った学習方法をみつけるにはどうすればいいと考えていますか。

課題 4
筆者は「日本語が上手になるために」、何が一番大切だと考えていますか。

次回のために
①「日本語が上手になるために一番大切なこと」に対する筆者の考えについて、あなたはどう思いますか。

②テキストへの感想や考えたこと

ユニット 1　私と外国語学習

日本語が上手になるには…
CR 提出シート②

表現

	提出日　　　　なまえ

宿題は 1) から 4) まで

1) 宿題 このエッセイで筆者が一番主張したいことは何ですか。	
2) 宿題 あなたはどんな「学習観」を持っていますか。どんな学習方法が自分にふさわしいと思いますか。	
3) 宿題 あなたが日本語を学ぼうとする動機は何ですか。あなたと日本語には、どのような関係がありますか。	
4) 宿題 作文のプラン（このエッセイを読んであなたが書きたいこと）	
5) 授業 作文プランについての話し合いでもらったコメント	
6) 授業 コメントをもらった後で自分が考えたこと	

日本語が上手になるには…
CR 提出シート③

まとめ

提出日　　　　　なまえ

あなたにとって「日本語が上手になるために」一番大切なことは何ですか。「日本語が上手になるには…」を読んで考えたこと、クラスメイトと話し合って考えたことをもとに書いてください。

タイトル

ユニット1　私と外国語学習

ユニット1
私と外国語学習(2)

外国語上達法　　　　　　　　　　　　　　千野 栄一

予習のために
1．会話集・会話学校のもたらす危険
❶ 会話集とはどんなものですか。筆者はどのように会話集を使うべきだと考えていますか。

❷ 会話集はどんな状況を考えて作られているものが多いですか。

❸ 筆者は日本人が英語を勉強することをどう思っていますか。

❹ 筆者は日本人が「外国ではどこでも英語を話していると思っている」ことをどう思っていますか。

❺ 日本の会話学校では、どんなことをしますか。また、筆者は日本の会話学校の内容をどう思っていますか。

❻ 筆者にとって、外国語を使った会話とは、どのようなことですか。

2．ダグラス・ラミス氏の体験
❶ ダグラス・ラミス氏はどこで何をしていましたか。

❷ 一人の男がダグラス・ラミス氏に「すみませんが、英語であなたに話してよろしいでしょうか」と話しかけたとき、ダグラス・ラミス氏はどんな気持ちになりましたか。

❸ 男と会話して、ダグラス・ラミス氏はどんな気持ちになりましたか。

❹ ダグラス・ラミス氏は、男が誰に話しかけていたと考えましたか。

❺ ダグラス・ラミス氏は、男が話した質問をどう思いましたか。

❻ 男との間で交わされた会話は、ダグラス・ラミス氏にとってどのような会話でしたか。

❼ ほかの男が話しかけたとき、ダグラス・ラミス氏はどうして「感謝の気持ちでいっぱい」になりましたか。

3.「いささかの軽薄さと内容」

❶ 筆者は会話集から習得した文を暗誦することをどう思っていますか。

❷ M君は、ロシア人との会話の途中で何をしていましたか。M君の行動に対して、会話相手のロシア人はどう思いましたか。

❸ S先生が挙げた会話が上手になる2つのポイントは、何と何ですか。

❹ S先生は、人と会ってしかるべき会話をかわすために何が必要だと言っていますか。

❺ 筆者は、外国語でする会話と日本語でする会話との間には差がないと考えています。それはどうしてですか。

外国語上達法

千野 栄一

会話集・会話学校のもたらす危険

　もっともよく使う挨拶と、1から10までの数字だけ身につけてその外国語が話される国を旅行しても、何一つその外国語が話せないよりどれだけその国の人が身近かになるかはよく経験するところであり、これはごく少しの努力で大きな効果のあがる方法である。この方法を更に展開していくと、それぞれテーマごとに、いろいろな状況でよく使われると思われる語句を集めた「会話集」なるものにつきあたる。この会話集なるものは、使う側が自分に合う語句を選んで使うもので、頭から丸暗記するものではない。

　そもそもこの手の会話集は、ヨーロッパのように、ちょっと自動車でつっ走りさえすれば国境を越えて違う言葉を話す国に入るような状況を考えて作られているものが多い。「ガソリンスタンドはどこですか？」とか、「この部屋を一夏借りられますか？」というような句は、飛行機に乗って外国に行き、ごく短期間でいくつもの国を駆け廻る日本式旅行には不必要である。それに、ハワイやグアムも含めて大部分がアメリカ合衆国へ行く日本人にとって、外国語での会話といえばまず英会話ということになる。

　今日、英語はイギリスやアメリカの大多数の人たちの母語であるのみか、国際的にもっとも広い有効範囲を持つ国際語である。この傾向は今後さらに強くなることはあっても、当分のあいだやみそうもない。従って、日本人が何か一つ外国語をアクティブに身につけておきたいというとき、英語を選択することは原則的に正しい判断である。もっともこの傾向はいささか行きすぎで、外国ではどこでも英語を話していると思っている日本人に出会うのは珍しくない。「ポーランドは英語ではないのですか？」とか、自分がただ一つ知っている外国語である英語はどこでも通用すると思って、「フランスでは案外、英語が通じないんですねえ」というようなことを平気でいう。

　ところで、この人たちの習う英会話なるものは日本の会話学校で習う限り、ごく一部の例外を除いて英語で若干の文を交換するという程度で、会話集の中にあげられている句の繰り返し以外の何物でもない。会話というものは自分が相手の人に伝えたいことを伝え、相手の人が伝えたいと思っていることを聞くことであって、自分がたまたまその外国語で知っている句を使ってみることではない。ここに、会話集や会話学校のもたらす危険がある。

ダグラス・ラミス氏の体験

　日本における英会話の持つ側面を鋭くついた評論としてダグラス・ラミス氏の「イデオロギーとしての英会話」なる一文が、同名の評論集（『イデオロギーとしての英会話』晶文社、1976 年）の巻頭にあるが、その中にあげられているエピソードはあまりにも見事に日本における英会話なるものの一側面を描き出しているので、いささか長くなるが以下に引用させてもらうことにする。

　「最後に、英会話がいかにコミュニケーションの障壁になっているかについて述べよう。もちろん英会話を勉強した人びとは、駅への方向を尋ねたり、買物の値段を聞くのは上手であるが、それは私が意味するコミュニケーションの種類ではない。一体どうして英会話が障壁として作用するのかを述べるのは困難であるが、それは特定の内容を理解しはじめる以前に何かを感じさせられてしまうからだといったらいいかもしれない。一つの逸話を述べておこう。

　五年前のある大晦日の真夜中、私は、金沢の寺の境内で、大きな鐘が鳴らされているのを聴いて立っていた。冬の最初の雪は数時間降りつづき、新年はまったく新世界として、白く幻想的にその姿を現わしていた。私が巨大な鐘の荘厳な響きに耳をかたむけていると、一人の男がやって来てたずねた。『すみませんが、英語であなたに話してよろしいでしょうか』複雑な考えが私の心を充たしたが、私は『もちろんですよ』というほかなかった。それから彼は、お定まりの質問のリストをあびせかけた。

　『どこから来たか』
　『日本にどれくらいいたのか』
　『金沢で観光旅行をしているのか』
　『日本食を食べられるか』
　『この儀式がどういうことかわかるか』

　彼の質問は、儀式のムードから私を押しのけ、鐘の響きから、冷たい空気の香りから私を押しのけ、『鎖国』の浸透不可能な壁の向う側にまで押しのけてしまった。

　彼の言葉は、『I have a book』と同じくらい、情況にかなっていなかった。彼が言ったことはすべて、真実私に向けて言われたのではなかったし、彼はその答えに真実興味を持っていたわけでもなかった。彼はまったく私に話しかけたのではなく、私の存在がたまたま彼に思い出させた外人という、彼の心のなかのステレオタイプに話しかけたのであった。私に話しかけていたのは、彼自身でもなかった。彼が暗誦した文章は型にはまったお定まりで、その文章と彼自身の性格、考えや感じ方との間に何らかの関りがあると信じるのはむずかしかった。それはむしろ、二つのテープ・レコーダーの間でなされた会話であった。

　ついに彼が去り、私が不快がっているのをながめていた他の男がやって来て、

やさしくほほえみながら日本語で私に言った。『ああいうふうに英語をしゃべる日本人は、日本のことを知らないんだから、あまり聞かない方がいいよ』私はとてつもない感謝の気持でいっぱいになり笑い出した。鎖国の壁はふたたび取り払われた」

「いささかの軽薄さと内容」

　外国語会話という名のもとに、よく使われる句をただとりとめなく集めた会話集から習得した文をいくら暗唱してみせたところで、本当の意味での会話が上手になるわけではない。私のかつての同級生に「ロシア語会話」の達人と評判の高いM君という人がいたが、このM君は話の途中であっても知らない単語が出てきたり、上手ないい廻しが出てくると自分の持っているノートをひろげて、それを書き留めるのである。しかし、やがてこのM君は、心あるロシア人からは誰からもひんしゅくをかうようになってしまった。それは、M君が話しかけるのは会話をするためではなく会話の技術を得るためであることが、すべての人に明らかになったからである。
　このように単に表現面でなめらかに外国語が話せるのではなく、本当に会話が上手になるにはどうしたらよいかを、語学の神様といわれるS先生におたずねしたことがある。一瞬、目をつむって考えておられた先生は、「いささかの軽薄さと内容だな」と答えられたが、この二つはもっとも大切なポイントなのである。「いささかの軽薄さ」というのは、一言でもしゃべれば間違う恐れのある言語である外国語を話すには「あやまちは人の常」という覚悟が必要であり、そして、会話の生命はその内容であるというのである。
　ここまで来るともう『外国語上達法』の問題ではなく、教養の問題であり、知性の問題である。S先生は、人と会ってしかるべき会話をかわすためには常に準備が必要で、絶えず本を読み、政治や経済や、文化や芸術に関心を持たなければ恰好の話題を提供できないとおっしゃるが、まさにその通りである。
　外国語と日本語を置き換えてみれば明白だが、あの人は単語を知っているからとか、気の利いた表現をするからといって会話をするのではない。会話をすることによって新しいことを知り、考えさせられ、喜びを得るからこそ話をするわけで、ここまで来れば、もう外国語でする会話と日本語でする会話との間には何らの差もないのである。

千野　栄一（ちの　えいいち）　1932年〜2002年。
言語学者。東京外国語大学名誉教授。チェコ語を中心にスラブ語学が専門。東京都生まれ。東京外国語大学および東京大学文学部卒業。プラハのカレル大学に留学。東京教育大学文学部助教授を経て、東京外国語大学教授。退官後は、和光大学学長を務めた。主な著書に、『言語学の散歩』、『言語学のたのしみ』などがある。
本文は、『外国語上達法』（岩波書店刊 1986）によった。

外国語上達法
CR 提出シート①

理 解

		提出日	なまえ	
い ま 記 入 す る	グループメンバー（名前を書く）			
	読むことについて（チェックする）	予習	a. よくわかった　　　　　b. まあまあ c. ちょっと難しかった　　d. とても難しかった （理由：　　　　　　　　　　　　　　　　）
		授業の中でよく理解できるようになりましたか	a. よくわかった　　　　　b. まあまあ c. まだちょっと難しい　　d. まだとても難しい （理由：　　　　　　　　　　　　　　　　）
	今日の授業で感じたこと、考えたこと			

課題1 筆者が考える「会話集・会話学校のもたらす危険」とは何ですか。	
課題2 ダグラス・ラミス氏は、英語で話しかけてきた男の質問を聞いて、どう思いましたか。	
課題3 M君はどうして心あるロシア人からひんしゅくをかうようになりましたか。	
課題4 筆者はどうして「外国語でする会話と日本語でする会話の間には何らの差もない」と考えていますか。	
次回のために ①「外国語でする会話」に対する筆者の考えについて、あなたはどう思いますか。	
②テキストへの感想や考えたこと	

外国語上達法
CR 提出シート②

表現

提出日　　　　なまえ	

宿題は1）から3）まで

1）**宿題** このエッセイで筆者が一番主張したいことは何ですか。	
2）**宿題** 外国語でコミュニケーションするときと母語でコミュニケーションするときで何か違いがありますか。どのような違いがありますか。どうして違いがあると思いますか。	
3）**宿題** 作文のプラン（このエッセイを読んであなたが書きたいこと）	
4）**授業** 作文プランについての話し合いでもらったコメント	
5）**授業** コメントをもらった後で自分が考えたこと	

ユニット1

外国語上達法
CR 提出シート③

まとめ

提出日　　　　　なまえ

あなたにとって「○○語がペラペラになる」とはどのようなことですか。「外国語上達法」を読んで考えたこと、クラスメイトと話し合って考えたことをもとに書いてください。

タイトル

ユニット1
私と外国語学習(3)

外国語学 　　　　　　　　　　　　　　　　　　　　藤本 一勇

予習のために

・あなたはなぜ外国語を勉強していますか。
・あなたの中学、高校や大学では、外国語の選択システムはどのようになっていますか。それについてどんなことを考えますか。
・以下の点について筆者は、どう考えているでしょうか。

I 「和魂洋才」―実用主義と権力

❶ 外国語は支配／被支配の両側から二重に、（権）力として構造化されていたというのはどういう意味ですか。

❷ 「和魂洋才」の2つの問題をあげなさい。

❸ 「実用主義の陥穽（p.34 3行目）」とはどういうことですか。

❹ 「弁証法的袋小路」「形而上学の隘路とは違う（p.34 16行目）」とはどういう意味ですか。

II 英語（米語）帝国主義

❶ 「米語帝国主義」とはどういう意味ですか。

❷ 「米語を習得することが『世界』で輝くための必須条件である」というのは、なぜ「幻想」だと筆者は考えていますか。

❸ 「英語嫌い」の理由としては、どんなものがありますか。

❹ 大学において第二外国語（英米語以外の言語）が脱必修化、時間の削減という傾向になるのはなぜですか。

❺ 「その場合の自己実現、主体化」はなぜ「従属主体化」していると考えられますか。

Ⅲ 多文化主義

❶ 「言語の多文化主義」とはどのようなものですか。

❷ 「言語の多文化主義」について、注意すべき点はどのようなことですか。

❸ どんなときに「多文化主義が一種の独占体制に転化して、自己矛盾をきたす」ことになりますか。

❹ 「第二外国語における多文化主義を、選択の自由の拡大、多様性の承認として、単純に喜ぶわけにはいかない」のは、なぜですか。

外国語学

藤本 一勇

I 「和魂洋才」—実用主義と権力

　欧米近代の世界支配構造の枠組みのなかで、いわば「上」から外国語教育や学習の環境が形成されたとして、他方、「下」から見れば、外国語を習得することは力（権力）を獲得することである。この点でも日本は典型的であり、江戸末期および明治近代国家形成期にあって、「外国語」——英仏独を中心とする外国語にすぎないが——は、日本が力を獲得するための武器であった。すなわち、欧米帝国主義を支える武器である近代化の諸制度と技術を獲得するためのツール、いわば武器を手に入れるための武器、技術を手に入れるための技術が外国語だったのだ。その意味で、外国語は支配／被支配の両側から二重に、(権)力として構造化されていたと言える。

　それを典型的に示しているのが、「和魂洋才」という考え方（あるいはスローガン）である。「和魂洋才」をわかりやすく言えば、「優れた技術や進んだ制度は欧米のものを取り入れて利用するが、心や精神は日本の伝統・文化を保持する」ということである。ここには二つの問題がある。一つには、これが一種の形而上学であることである。すなわち、心／身体、精神／物質、自然／技術（制度）という二項対立に立脚し、なおかつ二項が理想的には無縁でありうるという「想定」がなされている。欧米の技術を取り入れても、日本の心（魂）は侵食されたり失われたりすることはない、と。あるいは、日本の精神が欧米の技術をコントロールすることができるのだ、と。それは事実認識というよりは一種の願望である。そして、この二項対立は、すぐにわかるように、中立的ではなく、価値序列をなしている。すなわち、精神が技術よりも、自然が制度よりも優れたものとして上位に置かれており、ひそかな技術蔑視、制度蔑視になっている。

　そしてこのことと密接に関連するが、二つ目に、この形而上学は、政治的には欧米に対するルサンチマンや蔑視をはらんでいる。「和魂」が「洋才」に対してみずからの純粋さを保ちうると、「和魂」が「洋才」よりも上位にあって主導権を握りコントロールするのだと、そうした願望が込められている。技術や制度はしょせん道具・ツールにすぎないという形而上学的な発想は、「洋才」としての欧米に対する対抗意識に重ねられる。あるいは欧米への対抗意識が精神優位＝技術蔑視の形而上学によって裏打ちされると言うべきか。

　もちろん、この対抗意識は必然的にねじれたものになる。なぜなら、「和魂洋才」という考え方は、できれば距離をとりたい、排除したいと思っている「洋才」こそが、世界を構成している「力＝権力」の源であることを痛いほど認識しており、「洋才」の力によって世界が構造化され、みずからもそこに巻き込まれている（しかも劣位

の立場で）からこそ、「和魂洋才」を主張せざるをえないという形になっているからである。

　そこに実用主義の陥穽を見て取ることができる。外国語にかぎらず、道具のプラグマティズムは、道具がもつ力に魅せられて、力としての道具をみずからの武器として利用するつもりで、いずれ道具そのものに（あるいは道具に力を与えている構造に）支配されていく。いわば「ミイラ取りがミイラ」になる。ツールの権力の実用主義は、その権力構造全体を脱出し、それを覆すことにはならない。むしろ、実用主義は、ツールの実用性を保証している現状や体制に順応・加担したり、さらにそうしたシステムを強化する。実用主義は、なぜある特定のツール（他のツールではなく、そのツールが）が実効的なのか、何が（あるいは誰が）特定のツールを有効にしているのかを問わない。みずからの足元を問わないという点で、実用主義はややもすれば原理主義や観念論に似てしまい、みずからの別のあり方を模索する可能性を喪失してしまう（実用主義は、実用性によって自己の現状を打開しようと欲しているのであるが）。あるいは体制順応（場合によっては体制強化）のニヒリズムやシニシズムに陥りかねない。「和魂洋才」という形而上学には、一見相反する精神主義と実用主義の弁証法的袋小路が伴っている。こうした形而上学の隘路とは違う、技術との別の付き合い方を考える必要がある。

II　英語（米語）帝国主義

　「和魂洋才」に見られる形而上学と実用主義の弁証法、その権力構造は、英語（あるいは米語）中心主義的な外国語環境にも見られる。

　日本では今日米語教育の強化が叫ばれており（とはいえ、この流れは今日に始まったものではない）、小学校からの米語教育開始もその一環である。その一方で、米語以外の外国語教育については、その重要性を一部の識者が主張することはあるものの、あまり世間で大きく扱われることはない。現実の教育制度のなかでは、大学における第二外国語の「自由化」（必修を外すこと）の例に顕著なように、英米語以外の外国語教育はむしろ後退している。もちろん、その背景には、アメリカが政治・経済・軍事・文化における世界の中心であり、米語があらゆる分野における「標準語」（スタンダード）であるという認識がある。その際に、世界「標準」ということがいかなる権力上の問題をはらんでいるのかを問い直そうという発想は少ない。米語を習得することが「世界」で輝くための必須条件であるという「幻想」は、「世界」の支配構造をよく反映している。確かに国際的なビジネスや国際機関での仕事は米語でなされるが、それは一部のグローバル・エリートの「世界」の話であって、地球上の大多数を占める一般人の「世界」ではない。「成功したければ米語をマスターせよ」という実利主義あるいは功利主義は、エリートとそれ以外の世界とのあいだの

ヒエラルヒーに立脚しているがゆえに、ある種の威圧とそれに対する反発を生んでいる。

　よくある「英語嫌い」の理由としては、もちろん英語の語彙や文法や音に上手く習熟できないからということもあるが、それ以前に、こうした英語がもっている権力構造に鋭敏に反応しているからでもある。数ある外国語（あるいは言語）のなかでも、なぜ英語だけが特権的に教えられなくてはならないのか。合理的形式化の訓練としての数学と違い、英語教育の絶対性は、英語の現実的覇権という以外に根拠を見出しづらい。そして「力こそが正当性（力こそ正義）」ということでは、それに従属する人間と同じく、それに反発する人間を生み出すのも当然だろう。外国語＝英語という図式に収められてしまうと、外国語教育のもつ多様な可能性は縮小されて、むしろ特定の力関係の押しつけと感じられてしまうのだ。

　実用主義と英語中心主義との関係の一例として言えば、大学における第二外国語（英米語以外の言語）の脱必修化、時間の削減がある。この流れは1980年代以後の、大学における教養課程の解体（自由化）のなかで政策化された。その正当化の根拠としてよく持ち出されるのは、米語以外の言語を習得したところで、それを有効に利用する機会はあまりないのだから無駄であるという意見だ。この実用主義・実利主義は、米語が中心的に通用している世界構造に追随する順応主義に即応している。また同様に、大学四年間で米語以外の外国語をどれほど一生懸命学んだところで、実用に足るところまでもっていくことは難しく、やはり無駄であるという理由もよく主張される。しかし、その論法でいけば、少なくとも中学校から六年間も学んできた英語が、それに費やしてきた時間と労力に見合った成果を生んでいるかどうかは怪しいのに、にもかかわらず英語教育をやめてしまえという話にはならないのは不思議である。「実用」や「成果」という論拠だけであれば、英語教育の必要性すら怪しくなるはずなのだが、そうならないのは、英米語の特権がすでに前提されているからである。そしてその特権構造に従属した上で自己実現や成功を目指しているからである。その場合の自己実現、主体化は、ミシェル・フーコーが論じたような「従属主体化」(subjectivation)にすぎない。英米語の学習は、英米の世界支配体制の前提のもと、ある種「聖域」と化しており、英米語は一種の「聖なる言語」にさえなる。その言葉をマスターすることが自己の実現や成功（ことによったら「救済」）につながると思われているからこそ、その言語の覇権構造は不問に付され、むしろ神聖化されるのである。ここにも実利と神学の結託図式が見られる。というよりも、神学的構造は利益の享受の約束を根源的な原動力にしているのであって、逆に言えば、たとえ世俗的な政治や社会における場合であっても、実利主義は神学的交換関係に立脚しているのである。

Ⅲ　多文化主義

　そうした英語帝国主義に対してよく提示されるのは、外国語教育を英語に特化せずに、すなわち実用主義に特化せずに、外国の諸文化へ開かれていくための通路として外国語教育を展開していこうという言語の多文化主義である。その理念自体は結構なことである。しかし、注意すべき点がある。多文化主義は、それが世界や文化の多様性を主張するにとどまるかぎり、決して中央集権主義を覆すことにはならない。むしろ多文化主義は、一見対立するように見える中央集権主義を補うものとして作用しうる。

　どういうことだろうか。多文化主義は、個々の文化の地域性や個性や多様性を相互尊重しようとする。なぜなら、それぞれの地域や社会や文化は、それぞれ独自の歴史や特性をもっており、その独自性は一つの共通の普遍的尺度によって優劣をはかられたり、差別されてよいものではないからだ。特権的な唯一の主人的文化は存在せず、それぞれに平等な権利をもつ複数の文化のみが並列的に存在するのであって、その個々の価値を互いに承認し、肯定しようというわけである。

　しかし、問題はどのような場でそうした承認を行うかである。もし同等の価値をもつ並列的な文化や社会しか存在しないとしたら、相互承認の意識や実践などが生じようがない。それどころか、互いが同等の価値をもつのだということさえ認識されることがないだろう。どちらにせよ、共通の尺度をもたない共同体間の自己主張のゲーム、場合によっては抗争しか存在しない世界になる。相互承認が生まれるためには、互いが平等の価値をもつという判断を下すことのできる共通の場が前提されていなければならない。

　多文化主義が成り立つためには、世界の多様性を肯定する「共通の場」、個々の対面関係を接続する第三者の場を必要とする。その共通の場がある特定の一つの装置によって占められてしまうと、すなわち共通性が唯一性に置き換えられてしまうと、多文化主義は一種の独占体制に転化して（あるいは加担して）、自己矛盾をきたす。

　言語の例で言えば、言語の多様性が、絶対的な権威をもつ一つの言語のもとでのみ、承認あるいは容認される場合である。具体的に言えば、世界共通語としての米語の覇権があるからこそ、その他の諸言語（諸外国語）の存在が承認されるような場合である。これはすでに大学の外国語カリキュラムにおいて現実になっている。英米語以外の第二外国語教育の近年の流れで顕著なのは、必修外しや時間削減に加えて、多様化である。従来、第二外国語と言えば、先にも述べた欧米近代帝国主義の文脈もあって、フランス語、ドイツ語、中国語、ロシア語などが圧倒的なプレステージを保持してきた。しかし近年では第二外国語のヴァリエーションは増え、スペイン語、イタリア語、朝鮮語、アラビア語、その他の言語も学ぶことのできる大

学が増えてきた。もちろん、学生が選択できる外国語の多様化そのものは、仏独中露が特権視されてきた歴史的文脈を考慮した場合、決して悪いことではない。しかし注意しなくてはならないのは、第二外国語の多様化によって、従来比較的力の強かった仏独中露がその他の言語と同水準に置かれたのに対して（とはいえ、今でもそれら四ヶ国語が比較的優位であることに変わりはないが）、第一外国語としての英米語のコマ数は増え、その権力は強化されていることである。すなわち、第二外国語の多様化と英米語のさらなる特権化が同時進行しており、英米語以外の外国語の選択の自由化は、英米語の必修の強化と表裏一体なのである（英米語の縛りがきつくなるからこそ、それ以外の外国語の縛りは緩くなる）。英米語とその他の外国語との格差（大学カリキュラム内の言葉で言えば、教員数や設置授業数や時間数における格差）は、とりわけ第二外国語における仏独の地位低下もあって、ますます大きくなっている。

　したがって、第二外国語における多言語主義を、選択の自由の拡大、多様性の承認として、単純に喜ぶわけにはいかない。それは英米語の絶対権力による第二外国語に対する「容認」（認証）、「寛容」なのかもしれないのである。繰り返していえば、自分の国や地域以外の他者と接触し、他者の言語を外国語として意識せざるをえない（それと即応的に自分の言語を「国語」として意識せざるをえない）環境そのものが――すなわち、多文化主義の環境そのものが――政治権力や経済権力の拡張としてのグローバリゼーション（これは、狭く見れば、すでに十九世紀に始まる欧米近代化の問題である）によって作り出されたものであり、外国語との関係には必然的に権力関係が忍び込んでいるのである。

藤本 一勇（ふじもと かずいさ）　1966年～。
早稲田大学文学学術院教授。専門は20世紀フランス思想。主な著書に、『批判感覚の再生―ポストモダン保守の呪縛に抗して』、『情報のマテリアリズム』、訳書にジャック・デリダ『アデュー―エマニュエル・レヴィナスへ』などがある。
本文は、『ヒューマニティーズ　外国語学』（岩波書店刊 2009）によった。

外国語学
CR 提出シート①

理 解

		提出日	なまえ	
	グループメンバー（名前を書く）			
いま記入する	読むことについて（チェックする）	予習	a. よくわかった　　b. まあまあ c. ちょっと難しかった　d. とても難しかった （理由：　　　　　　　　　　　　　　　　　）	
		授業の中でよく理解できるようになりましたか	a. よくわかった　　b. まあまあ c. まだちょっと難しい　d. まだとても難しい （理由：　　　　　　　　　　　　　　　　　）	
	今日の授業で感じたこと、考えたこと			

課題1 「和魂洋才」とは何ですか。ここには、どんな問題がありますか。	
課題2 「英語（米語）帝国主義」とは何ですか。	
「英語嫌い」の理由には、どんなものがありますか。	
大学における第二外国語の脱必修化、時間の制限が正当化されるための根拠とはどのようなものですか。	
英語教育の必要性が怪しくならないのはなぜだと筆者は言いますか。	
課題3 「言語の多文化主義」とは何ですか。	
「第二外国語における多言語主義を単純に喜ぶわけにはいかない」のはなぜだと筆者は考えていますか。	
【次回の話し合いのために】あなたにとって「外国語」の学習はどんな意味がありますか。	

外国語学
CR 提出シート ②

表 現

提出日　　　なまえ

宿題は1）から3）まで

1）**宿題** 筆者が主張したいこと	
2）**宿題** あなたにとっての「外国語の学習」とは？（筆者と同じ点、異なる点、その理由など）	
3）**宿題** 作文のプラン（このエッセイを読んであなたが書きたいこと）	
4）**授業** 作文プランについての話し合いでもらったコメント	
5）**授業** コメントをもらった後で自分が考えたこと	

ユニット1

**外国語学
CR 提出シート③**　　　　　　　　　　　　　　　　　　まとめ

　　　　　　　　　提出日　　　　なまえ

あなたにとって「外国語の学習」とは何ですか。また、あなたの国で「外国語の学習」にはどんな意味がありますか。「外国語学」を読んで考えたこと、クラスメイトと話し合って考えたことをもとに書いてください。

タイトル

テーマ作文「私と外国語学習」
CR 提出シート

提出日　　　なまえ

あなたはどうして外国語を勉強していますか。外国語を使って、何ができるようになりたいですか。「日本語が上手になるには…」「外国語上達法」「外国語学」を読んで考えたこと、クラスメイトと話し合って考えたことをもとに、自分の今までを振り返り、これからのことを考えながら、書いてみましょう。

タイトル

ユニット2
私と国

　あなたにとって「国」とはどのようなものでしょうか。自分の国を離れてみて見えてくる「国」の姿がありませんか。また、このクラスにはさまざまな国からの留学生が集まっています。
　クラスメイトの「国」についての考え方を聞いて、自分の考えを振り返ってみましょう。

テキスト1	さまよえる老婆	徐 京植
テキスト2	越えてきた者の記録	リービ 英雄
テーマ作文	私と国	

ユニット2
私と国(1)

さまよえる老婆　　　　　　　　　　　　　　　　　　　　徐 京植

予習のために
1．場面1—F君との会話
❶ どこですか。いつですか。

❷ F君はなぜ How many passports do you have? と質問しましたか。F君はどんな人ですか。

❸「私」はどんな人ですか。

❹ 在日韓国人、在日、在日韓国朝鮮人について、どんなことを知っていますか。知らなければ調べてみましょう。

2．場面2—機内の老婆をみて考えたこと
❶ どこですか。いつですか。

❷ 老婆はなぜ飛行機に乗っていますか。これからどこへ行きますか。

❸ 老婆と筆者の母とはどんな共通点がありますか。

❹ 筆者は老婆について、どんなことを考えましたか。

3．場面 3―国民国家について考える
❶「国民国家」とは何ですか。

❷「さまよえる老婆や F 君のような人々の時代」というのは、どんな時代ですか。

❸ 筆者はどんな空想をしていますか。その空想について、筆者はどう感じていますか。

さまよえる老婆

徐 京植

How many passports do you have?

　夕食後のおしゃべりが一段落したところでF君にそう尋ねられたとき、とっさに質問の意味を呑み込みかねた。冗談かと思ったが、F君は人を吸い込むような深い視線をまっすぐに私にあてたまま、じっと答えを待っている。

　中学校のグラマーで習う例題のようなその疑問文が理解できなかったわけではない。そうでなくても、パスポルツというようにRを強く発音する彼らの英語のほうが、私には聞き取りやすいのである。

　だが、おまえは旅券を何冊持っているか、というのはいったいどういうことなのか？

　何冊どころか、私はたった一冊の旅券を手に入れるために、ずいぶんと苦労しイヤな思いもしてきたのである。知らない人も多いから言っておくが、在日韓国人である私が日本国外に出るためには大韓民国の旅券が必要なのであり、大韓民国は（少なくともその当時は）旅券発給業務を露骨に国民統制の手段にしていたからである。別の時のことだが、私も妹も、韓国の獄中にいた兄に面会に行こうにも、一年半もの間旅券を更新してもらえなかったこともあった。その間は、日本から一歩も出ることのできない籠の鳥である。

　ついでに言うと、日本に帰ってくるためにも、私たちには日本政府の再入国許可というものが必要である。たとえ生まれてから一歩も日本を出たことがなくても、あくまで外国人として扱うというわけだ。「再入国申請書」という書類の「旅行目的」欄に私たちが何と書くかというと、「居住 residence」と書くのである。居住を目的として旅をする者——すなわち難民である。「再入国申請書」を書くたびに私は、なるほど自分たちは生まれながらの難民なのだという思いにうたれる。

　そういう状況だから、私はようやく手にした一冊の旅券を護符のように肌身に抱いて、見知らぬ国々の風物をいちいち珍しがりながら歩きまわっていたのである。

　「何冊ったって、一冊だけど……」

　要領を得ないまま答えると、

Only one!　Why?

　とがめるような口調でF君は驚いてみせた。

　「だけど、そんなもの何冊ももってどうするんだ？」

　分かっちゃいないんだから、というようにF君は長い頸を左右に振った。彼の言うことを聴いてみると、実際、私は何も分かっちゃいなかったのである。

　F君はひとつの国籍の旅券を何冊ももっているのではなかったのだ。彼はいちおう「バングラデシュ国民」であり、家族もバングラデシュに住んでいるのだが、いくつもの国籍の旅券を持っていたのである。そして、それらを適宜使い分けている

のだという。

「なかなか便利だよ。もし、よかったら、君にもどこかのを一冊造ってあげようか？」

そう言ってF君はニヤリと笑ったが、冗談かどうかは確かめなかった。「それじゃ、ひとつ頼むよ」と即答しなかったことが、いま思うとちょっと残念な気もする。もちろん、彼は暗黒街の人ではない。インテリの技術者であり実業家でもある。

F君の母語はベンガル語であり、宗教はイスラム教スンニ派である。彼を民族の別で分類すると「ベンガル人」ということになるだろう。だが、彼の「国」はどこかということになると一筋縄ではいかない。独立までは彼は大英帝国のインド領臣民だったのだし、独立後もパキスタン、東パキスタン、そしてバングラデシュと「国」は変わったのである。そうである以上、彼の方でも自分に都合のいいように「国」を使い分けてはいけないという法はあるまい。そして、実はこの地球上では多くの人々が、そのようにして自前で「国」と渡り合って暮らしているのだった。

以上は、いまから10年ばかり前、私が生まれて初めて日本国外を旅したときの、ロンドンでの話である。この時私は、文字どおり目のウロコが落ちた。

それから私はしょっちゅう海外に出歩くようになったのだが、4、5年前、シカゴから日本に向かう飛行機に乗ったことがある。

搭乗券に記された自分の座席を探しあててみると、隣の窓際にはすでに、ひと目で中国人とわかる小柄な老婆が座っていた。一瞬目が合ったが、すぐに彼女は誰かの姿を探すように窓の外に目をやってしまった。

やがてジャンボジェット機はするすると離陸して巡航態勢に入り、大柄な白人スチュワーデスが飲物を配りながら私たちの席に来た。

Something to drink?

老婆は答えない。皺に隠れそうな彼女の細い目は無表情のままである。スチュワーデスは親切に聞きなおす。

Coffee or tea？

彼女は無表情のままだ。

ちょっと焦れたスチュワーデスは、きっと付き添いの息子か親戚だと思ったのだろう、私に向かって、何が飲みたいのか彼女に尋ねてくれと言った。ところが、私は中国語は一言もしゃべれないのだ。私は自分が中国人ではない旨と、自分の考えでは彼女は紅茶のほうを好むであろうということを答えることができただけだ。

スチュワーデスが紅茶を置いて立ち去った後、老婆はそれをうまそうにひと口すすってから、突然、私のほうを振り向いた。

「……」

何を言っているのか、もちろんまったく分からない。困惑していると、彼女は小さな紙片を取り出して私に示し、さらに何ごとか言い募った。

「香港」
　紙片には漢字でそう書いてあった。窮すれば通じるものである。
　この次の着陸地は香港か？
　彼女は懸命にそう尋ねているのだった。まるで、乗合バスで次の停車場はどこかと尋ねるように。私たちの乗り合わせたのは、米国の航空会社の、シカゴ発、成田経由、香港行きという便なのである。
　ここからはまったく私の想像なのだが、おおかた彼女は、シカゴのチャイナタウンに住む息子を訪ねた帰りなのだろう。見送りにきてくれたシカゴ生まれの孫の顔をもうひと目だけでも見れないものかと、窓に額をくっつけていたのだ。老母を呼び寄せて束の間の親孝行をした息子は、心尽くしの土産をもたせ、「ふたつ目の停車場で降りるんだよ」とくれぐれも言い聞かせて飛行機に乗せたのである。
　私はペンをとって、搭乗券の余白に、
「→東京→香港」
　と書いた。
　それで通じたかどうかは分からないが、少なくとも彼女は私が中国人でないことだけは理解したようだった。自分が成田で降りるときに、何とかして「あなたはまだここで降りるんじゃないよ」と伝えなければ——。それからしばらくの間、私はくよくよと、そんなことを思い悩んでいたのだが、彼女の方はいつの間にかコックリコックリと気持ちよさそうに眠ってしまった。
　私の母は学校へ行けなかったために長いこと字が読めなかった。そのため、知らない土地でバスや電車に乗り降りするときには驚異的なカンを働かせていた。それでも覚束ないときは、誰彼なくつかまえて尋ねていたものだ。わけの分からないころはそういう母を恥ずかしく思ったこともあったが、いつしか母の嘗めた辛酸に思いの及ぶ年齢になるとともに、むしろ畏敬(いけい)の念を覚えるようになった。
　それと同じ畏敬の念が、むしろ感動のようなものが、私に湧いてきたのである。しかも、この中国人の老婆は、ジャンボジェットで太平洋を股にかけているのだ。少しも動ずることなく。
　Flying Dutchman というのは、英和辞典をみると、幽霊船とか、その船長という意味だが、ワグナーの歌劇『さまよえるオランダ人』の原題である。実は、その半年前にウィーン国立歌劇場で観て、ひどく退屈したばかりだった。そのせいだったのか、Flying Chinese old woman ということばが私の脳裏にはチカチカと点滅していた。
　「さまよえる中国人老婆」である。しかし、こちらには怨みがましいところも幽霊らしさもさらさらない。はなはだ実際的である。農民が隣村まで乗合バスに乗るのと同じ感覚で、高度技術の最先端をいくジャンボ機に乗っているのだ。これほど20世紀的な光景があるだろうか。思えば彼女は、たぶん80年くらいにわたるその

人生の過程で、もっぱら徒歩による移動からジャンボ機にいたるまでの交通手段の変遷を身をもって経験したのである。

　普通の日本語では「中国人」としか言いようがないから仕方なくそう呼ぶのだが、彼女はほんとうは「中国」という「国」の人ではない。そんなことは彼女の知ったことではないのである。清朝からイギリス、戦争の一時期には日本、そして近々には中華人民共和国と、「国」は人生のドラマの後景のように彼女の背後に現れては過ぎ去るのである。国籍でいえば、彼女の息子はおそらく「香港系英国国民」であろうし、孫たちは「アメリカ合衆国国民」であろう。「カナダ国民」の甥や姪もいるだろう。中国本土や台湾、タイやシンガポールの親戚まで挙げたてはじめるとキリがない。それでいて彼女の一族が粉々に分解したわけではない。彼女は昔も今も彼女のままなのだ。

　巨大隕石の落下のせいかどうか、とにかく突然やってきた氷河期に適応できなかったために恐竜は絶滅したのだという説がある。そうして、恐竜の目をぬすんで森の片隅ではしこく動きまわっていた小型哺乳類が次なる時代の主人になったのだ、と。真偽のほどは分からないが、私はこの説が好きだ。そして、隣にちょこんと座っている中国人の老婆の自若とした様子をうかがっているうちに、この説を連想したのである。

　国民国家なんかもう古い、と言ってみることが近頃は流行っている。言うのはご自由だが、実際に人類が自らの手で国家を打ち壊す知恵はタネ切れ状態にみえる。まだまだ当分の間、地球上に国民国家の時代が続くだろう。そして、その国家にただ一本の線で繋がれていることを当然とし、喜んですらいるお目出たい「国民たち」の世も当分の間は続くだろう。だが、遅かれ早かれ、巨大化しすぎた恐竜のように国民国家が音をたてて自壊した後は、小型哺乳類ならぬ、この「さまよえる老婆」やF君のような人々の時代である。それは約束されている。

　こういう空想は私を楽しくさせる。だが空想が細部(ディテイル)に及びはじめると、かすかな悲哀感も湧いてくる。その時までに、どれほど多くの小型哺乳類が犠牲になるのか。それに、どう考えても私自身は、絶滅する恐竜の道連れとなる不条理な定めをまぬがれないように思えるからである。

徐 京植（ソ キョンシク）　1951年〜。
作家。在日韓国人二世として京都府に生まれる。二人の兄の救援活動に長らく従事。歴史の中のマイノリティーの存在に注目し、戦争・民族・国家の問題を鋭く問い続ける。主な著書に、『私の西洋美術巡礼』、『「民族」を読む—20世紀のアポリア』、『子どもの涙—ある在日朝鮮人の読書遍歴』、『プリーモ・レーヴィへの旅—アウシュヴィッツは終わるのか？』などがある。
本文は、『分断を生きる—「在日」を超えて』（影書房刊 1997）によった。

さまよえる老婆
CR 提出シート①

理 解

		提出日	なまえ		
いま記入する	グループメンバー（名前を書く）				
	読むことについて（チェックする）	予習	a. よくわかった c. ちょっと難しかった （理由：	b. まあまあ d. とても難しかった ）	
		授業の中でよく理解できるようになりましたか	a. よくわかった c. まだちょっと難しい （理由：	b. まあまあ d. まだとても難しい ）	
	今日の授業で感じたこと、考えたこと				

課題1 筆者はF君がパスポートを使い分けていることについて、どう思っていますか。	
筆者は中国人の老婆のことをどう思っていますか。それはなぜですか。	
筆者はどうして中国人の老婆を「本当は「中国」という国の人ではない」と考えていますか。	

課題2 筆者はF君や「さまよえる老婆」のような人をどう思っていますか。	

次回のために ①F君や老婆のような人が周囲にいますか。	
②テキストへの感想	

50

さまよえる老婆
CR 提出シート②

表現

提出日　　　なまえ

宿題は1）から3）まで

1）宿題 筆者が主張したいこと	
2）宿題 あなたにとっての「国」とは？（筆者と同じ点、異なる点、その理由など）	
3）宿題 作文のプラン（このエッセイを読んであなたが書きたいこと）	
4）授業 作文プランについての話し合いでもらったコメント	
5）授業 コメントをもらった後で自分が考えたこと	

ユニット2

さまよえる老婆
CR 提出シート③

まとめ

提出日　　　　なまえ

あなたにとって「国」とは何ですか。「さまよえる老婆」を読んで考えたこと、クラスメイトと話し合って考えたことをもとに書いてください。

タイトル

ユニット2
私と国(2)

越えてきた者の記録　　　　　　　　　　　　　リービ 英雄

予習のために

1. 場面1—筆者と日本語の出会い

❶ 筆者は子どもの頃、どんな国に住んでいましたか。また筆者が日本に初めて来たのはいつですか。

❷ 筆者は誰かの下宿に行きましたが、そこでどんなことをしましたか。その時、筆者は日本語がわかりましたか。

❸ 筆者のように、当時日本に滞在していた外国人は、どんな役割だったと筆者は述べていますか。

❹ 滞日の欧米人のアイデンティティはどうすることだと筆者は言っていますか。

2. 場面2—外国人という日常性

❶ 「20年近く日本語を書けない筆者」にとって、うれしかったことはどんなことですか。

❷ 文学の世界で、何が地球上のあちこちで起こったと筆者は言っていますか。

❸ 日本人として生まれた人でも、日本語を書くためには、どうしなければいけないと筆者は言っていますか。それはなぜですか。

❹「この鎖国の歴史をもった島国」とはどこの国ですか。

❺ 筆者はどんな「日常性」が生まれたとここで述べていますか。それに対して、日本人は外国人のどんなことにびっくりすると筆者は述べていますか。

3．場面3—新しいナショナリズム
❶ 明治以降の日本の近・現代史はどうなりましたか。どんなことがありましたか。

❷ 筆者はこれから先の日本人の運命について、どう考えていますか。それはなぜですか。

❸ 阪神大震災、地下鉄サリン事件について調べてみましょう。

❹ 筆者が述べている「新しいナショナリズム」とはどんなものですか。どんな人が参加しますか。またこれからの日本人に求められることはどんなことですか。

越えてきた者の記録

リービ 英雄

　あなたはなぜ、そこまで日本語にのめり込むのかという問いに対して、ぼくは一度も聞き手が満足するような答えを返したことがない。答えのかわりに少し子供時代のことを書けば、ぼくは物心ついた頃から12歳まで、外交官だった父に連れられて台湾、香港に住んだ。台中の旧日本人街にあった家で、これは日本人が造った家だという話を子供の頃に聞いて育った。日本人が引き揚げた後の、日本の亡霊がいるようなところが、ぼくの育った家だった。自分の育った家が、自分の国家ではない国にある、その家を離れ、書類上の母国であるアメリカへ帰ることが、ぼくの中にズレの体験を生んだ。

　近代日本の、最後の近代らしい時期であった1960年代末、初めて日本に渡った。ぼくは子供でもなければ、大人でもなかった。西洋人としての人格が完成されているようで、完成されていなかった。完成されていない段階において、日本に来られたということが、ぼくにとってすべての出発点となった。

　東京の風景、日本の自然、日本人との関係、その中に流れている日本語という言葉にぼくは触れた。17歳のころ、誰かの下宿に行って朝まで話し込んだことがある。十人のうち、ぼく一人だけが日本人ではなかった。話は1、2割しか理解できなかったが、黙って聞いていた。下宿の六畳間の空気の中で、言葉が形となって飛び交っているのが見えたような気がした。教科書の言葉ではなくて、感情を伴った言葉だった。これは何だろうと好奇心以上のものに衝き動かされた。これを自分のものにしたいという思いにかられた。

　それからは、喋れるようになるまでじっと日本語に耳を傾け、書けるようになるまでひたすら日本語を読んだ。20年の月日が流れた。欲求不満がふつふつと沸いてきて、ぼくの心のなかで発酵していた。

　日本文学研究者になったぼくに「おまえも一緒に書け」と言ってくれる日本の文学者はいなかった。むしろ、書けるなんて思うな、ガイジンのくせに日本語で喋るな、という声をヒステリーぎみに浴びせられることもしばしばだった。この国でのぼくの役割はと問えば、「翻訳して、われわれにノーベル賞をとらせてくれ」と言外に、ある時は臆面もなく、彼らは言った。

　日本人だけではない。日本にいる欧米人の中にも、日本語を書こうとするぼくを変な目付きで見る人が少なくなかった。日本語を喋り、書くことが近代の日本人のアイデンティティだったとすれば、在日ではなく滞日の欧米人のアイデンティティは日本にいながら日本語を喋らないこと、英語を喋り続けることにあった。それが、この島国に生きる彼らの生活の知恵であり、実際、職業でもあった。ぼくは日本語を書くことで、彼らのアイデンティティをも揺さぶることになったのだ。現に、越

境の意思を捨ててしまったほうが歓迎されることに気付き、上手に立ち回っている滞日外国人も多かった。反対に、ぼくは境を越えたことで、彼らからも拒否反応にぶつかった。

　1980年代後半、日本語は外からの越境者との関係のなかで、さらに豊かになるだろうと考える日本の文学者が、少数ながら現われはじめた。中上健次のように、「おまえも一緒に書け」とぼくを焚き付けておきながら、作品に容赦ない批判を浴びせた人もいた。日本語に対するガイジンの思い込みにすぎないという中傷は一度も聞かなかった。20年近く日本語を書けない欲求不満のかたまりでいたぼくにとって、それはいちばんうれしいことだった。

　文学の世界では、文化の外から内へというこの越境の動きが、地球上のあちこちでほぼ同時に起こった。英文学では、サルマン・ラシュディ、カズオ・イシグロ、ベン・オクリといった、アングロサクソンの一員でない作家たちが、生粋（きっすい）のイギリス人として生まれた作家よりも独創的な作品を発表するようになった。日本人の多和田葉子がドイツ語で小説を書き、「私はドイツ語の歴史をつくっている」と発言した。彼女のコメントを感動をもって読んだのは、ぼく一人ではなかったはずである。

　さらに正確を期していえば、越境は、ある文化の外部にいる者にだけ起こるのではない。日本人として生まれた人でも、日本語を書くためには、一度、「外国人」にならなければだめなのだ。「当たり前な日本語」の「外」に立って、自分の言葉に異邦人として対する意識をもたなければよい作品は生まれない。これは、一流と呼ばれる日本の作家なら誰もが感じている今日的な表現の問題である。日本では、そういった普遍的な問題が、文字を通して、ほかの国よりもはっきりと浮かび上がっているのではないか。地球レベルで表現することの重要性。その一つのモデルを、この鎖国の歴史をもった島国が提供するようになっているのではないだろうか。

（中略）

　80年代から90年代にかけて、数十万のニューカマーが加わって、あるいは百万以上の外国人が日本に住み、日本で仕事をするようになった。東京で山手線に乗れば、ほぼ一輛ごとに外国人がいて、しばしば席を隣り合わせるという一つの日常性が生まれてきた。外国人の顔を見て驚く人はいなくなった。ところが、その外国人がごく自然な日本語で喋りはじめると、びっくりする人が圧倒的に多い。

　企業にしても、多民族化が確実に進んではいる。一流企業の役員クラスの中にも欧米人だけでなく、数はわずかだが、高学歴のアジア人のエリートがいる。他方、日本社会の底辺にいるのは今や数十万人にのぼるアジア出身の労働者だ。

　では、中小企業に外国人の課長がいるかというと、いない。9割以上の日本人にとって、身近な場では外国人との付き合いはない。いくら国際化しているといっても、いったん山手線を降りてしまえば、外国人と付き合う日常性は存続しないのだ。

明治以降、日本の近・現代史はあまりにも劇的に展開した。アジア全土に帝国を拡大しようと企て、やがて完璧な敗戦を迎え、その 40 年後にはまた世界一の経済大国だと思い込み、そう思い込んで 5、6 年もたたないうちに風船はしぼんだ。極端から極端へとぶれすぎて、国民経済がしぼんだ今も現実が見えにくくなっているということがあるかもしれない。

　これはぼくのまったくの憶測にすぎないけれど、これから先の運命は日本人にとって一番辛いものになるのではないか。世界一になることもなければ、小国に戻ることもない。その間、中間国家を生きるという体験は、近代百年の日本人にかつてなかったことだ。

　その意味で、阪神大震災、地下鉄サリン事件などの 90 年代の大事件に染まりきったマスコミの報道ぶりは興味深く、不安にもなった。バブル時代の過剰な自信が完全に裏返って過剰に悲観的になり、ひたすら国内の被害に目を向け、鎖国的なものさえ見え隠れしていたように思う。だが、震災にせよ、サリン事件にせよ、日本人が被害に遭うところでは、在日外国人もいっしょに被害に遭う時代になったことを、図らずも証明している。日本人がこれから体験することは、ことごとく在日外国人によって共有されるだろう。

　もしかすると、在日外国人も参加する、新しいナショナリズムが生まれる可能性もあるかもしれない。ぼく自身、今や日本の一員として、そんなナショナリズムの可能性について考えることがある。「民族」とか「人種」という 19 世紀の発想ではなくて、「言語」と「文化」という 21 世紀の発想に基づいた愛国心。少なくとも、アイデンティティをもう少し柔軟に幅広く考えることが、これからの日本人に求められることは確かである。

リービ 英雄（りーび ひでお）　1950 年〜。

作家、日本文学者。アメリカカリフォルニア州生まれ。少年時代を台湾、香港で過ごす。1967 年にはじめて日本に移り住み、以降、日米往還をくり返す。プリンストン大学、スタンフォード大学で日本文学の教授をつとめ、1982 年『万葉集』の英訳により全米図書賞を受賞。現在は東京に定住。法政大学教授。世界に類を見ない、西洋世界から非西洋世界・言語へと超越したワールド・フィクションの書き手である。主な著書に、『星条旗の聞こえない部屋』、『千々にくだけて』、『仮の水』などがある。

本文は、『日本語を書く部屋』（岩波書店刊 2001）によった。

越えてきた者の記録
CR 提出シート①

理 解

		提出日		なまえ	
グループメンバー （名前を書く）					
いま記入する	読むことについて （チェックする）	予習	a. よくわかった c. ちょっと難しかった （理由：		b. まあまあ d. とても難しかった ）
		授業の中でよく理解できるようになりましたか	a. よくわかった c. まだちょっと難しい （理由：		b. まあまあ d. まだとても難しい ）
	今日の授業で感じたこと、考えたこと				
課題1 なぜ当時の日本人は、日本語を書こうとする外国人を変な目つきで見ましたか。					
課題2 「越境の意思を捨ててしまったほうが歓迎される」とありますが、越境の意思を捨てるとはどういう意味ですか。なぜ歓迎されますか。					
課題3 なぜ日本は「越境」という普遍的な問題が、ほかの国よりも浮かび上がっているのですか。日本の特徴を踏まえて考えてみましょう。					
課題4 日本人は外国人と付き合う日常性が存在しないと筆者は言っていますが、あなたはどう思いますか。なぜそう思いますか。					
課題5 「これから先の運命は日本人にとって一番辛いものになるのではないか」とありますが、なぜ一番辛いものになりますか。					
次回のために ①あなたは国を越えてどんなことを考えましたか。					
②テキストへの感想や考えたこと					

越えてきた者の記録
CR 提出シート②

表現

提出日　　　なまえ

宿題は1）から3）まで

1）**宿題** 筆者が主張したいこと	
2）**宿題** あなたにとっての「国」とは？（筆者と同じ点、異なる点、その理由など）	
3）**宿題** 作文のプラン（このエッセイを読んであなたが書きたいこと）	
4）**授業** 作文プランについての話し合いでもらったコメント	
5）**授業** コメントをもらった後で自分が考えたこと	

ユニット2

越えてきた者の記録
CR 提出シート③

まとめ

提出日　　　　　なまえ

あなたにとって「国」とは何ですか。「越えてきた者の記録」を読んで考えたこと、クラスメイトと話し合って考えたことをもとに書いてください。

タイトル

テーマ作文「私と国」
CR提出シート

　　　　　　　提出日　　　　　なまえ

あなたにとって国とはどのような存在ですか。「さまよえる老婆」「越えてきた者の記録」を読んで考えたこと、クラスメイトと話し合って考えたことをもとに、自分の今までを振り返り、これからのことを考えながら、書いてみましょう。

タイトル

ユニット3
私と異文化

あなたは、文化を理解するために重要なことは何だと思いますか。また、異なる文化を理解することには、どのような意味があると思いますか。クラスメイトの「異文化を理解すること」についての考え方を聞いて、自分の考えを振り返ってみてください。

テキスト1　　文化と理解I　　　　　　　　　　　　船曳　建夫
テキスト2　　文化と理解II　　　　　　　　　　　　船曳　建夫
テキスト3　　世界中がハンバーガー　　　　　　　　多木　浩二
テーマ作文　　私と異文化

ユニット3
私と異文化(1)

文化と理解 I　　　　　　　　　　　　　　　　　　　船曳 建夫

予習のために
1．課題1
❶ 異文化理解という言い方には、どのような感じがまとわりついていますか。

❷ ほかの文化と出会ったときの感覚はどのようなものですか。

❸ 異なる文化に出会うまでは、自分の文化にも気づかないということがあるということの例として、どんな例が挙げられていますか。

2．課題2
❶ お雑煮の中身は地方によって異なります。どんなお雑煮の種類があるか知っていますか。知らなければ調べてみましょう。

❷ 筆者は、なぜ「スープ状」という言い方にすでに私の偏見が表れていると述べましたか。

❸ 知る形での文化の理解として、どんな例が挙げられていますか。

3．課題3
❶ 生きる形での文化の理解として、どんな例が挙げられていますか。

❷ 生きて身につけた文化はどのような文化になりますか。

文化と理解 I

船曳 建夫

　最近、異文化を理解するなどという言い方をよく目にします。いろいろな文化があることは楽しいことですが、異文化理解という言い方には、違っているものを理解しなければいけない、食べにくいものを飲みくださなければいけない、という感じがまとわりついているように思います。「異」という字は、最初から違っている、異なっているということで、少々不気味な感じさえするので、この場合「異」という字はあまりよくないのではないかとかねがね思っています。

　私たちはだれでもある特定の文化の中で生まれて育つので、ほかの文化と出会ったときには、本当に違うと思い知らされます。そのときの感覚は、さまざまな文化があることは良いことだ、というものばかりではなく、ある種の違和感も含まれているように思われます。それは、多少反発の気持ちもわくような違和感ですが、実はそのようにして異なる文化に出会うまでは、自分の文化にも気がつかないということがあるのです。

　だいぶ前のことですが、ある雑誌の正月号のお雑煮の特集で、高知とか京都とか福島とか、さまざまな地方のお雑煮が出ていました。そしてその何号かあとに、「この前の雑煮特集号を見ました。」という、次のような「読者からの便り」が載っていました。

　　　N県出身の友達のA子に、「あなたのところのお雑煮はなに？」と聞きました。すると、A子は、「いえ、私のところは普通の雑煮。」「だからどういうの？」「ごく普通の。あのウサギの肉が入っているやつ。」「……。」

　このようなことは、たとえば違う地方の人が結婚したりしても起こります。片方は、たとえば、すきやきを醤油と砂糖だけで味付けをする。もう一方は、薄い下地の汁を使って比較的スープ状にもっていく。そうするとお互いに一つの鍋で違ったすきやきをつくろうとし合い、一向にすきやきができません。実は私は醤油と砂糖のほうなので、先ほどの「スープ状」という言い方に、すでに私の偏見が表れているのです。

　さて、異なる文化を知ること、たとえばフランス文学を学ぶとか、またはバリ島の民俗舞踊を考察するとかいった、知る形での文化の理解というのは、私たちの努力に正比例してどんどん増すだろうと思います。また、この意味での異文化理解は非常に奨励されています。少し単純化すると、この場合の「知る」というのはいわば語学の習得のようなもので、努力でなんとかできるものです。それは反省的に、そして意識的にとらえられる異なる文化です。

しかし、そういう形ではなくて、生きるという形の文化の理解のしかたがあるのではないでしょうか。たとえば、私たちは生まれたときからその生き方を親や周りの人から教わりながら、日本文化というものを生きています。それはポルトガル語やロシア語を学校で学ぶといった学び方ではありません。文法を学び、単語を覚え、それに基づいて文をつくるというのではなくて、周りの人との細かなやりとりの中で、失敗したらその次に直していくというやり方です。これは「学んでいる」というより、むしろ「生きている」という言葉のほうがぴったりするようなやり方といえるでしょう。

　ポルトガル語を知るといった形での文化の理解ではなく、それを生きるというのは、つまりそこにある価値観を信じ、文化が持っている枠組みを無意識の中で自分のものにしていくことです。私たちは六法全書を読みながら暮らしているわけではないのに、大体こういうことをしなければ法律に触れずに生きていくことができるということは分かっています。それは文化の中にある約束事という形でいくつかの価値とかいくつかの特殊な事例を教えられて、それを自分の中で組み合わせて、大体これでよかろうということで生きているのです。そして、失敗すると周りの人から細かな注意をされて、修正しながらその文化を理解していく。それは無意識的で、あまり反省してとらえ返したりはしません。そして、そうやって生きて身につけた文化というのは、しばしばもうそれしかないと思えるような文化になります。先程のＡ子さんという人は、お雑煮にはウサギの肉を入れる、それ以外ありえないと思っているわけですが、こういうことは私たちの身の回りでもよく起こることなのです。

船曳　建夫（ふなびき　たけお）　1948 年〜。
文化人類学者。東京都生まれ。主な著書に、『知の技法』、『柳田国男』などがある。
本文は、教科書『新現代文』（大修館書店刊 2004）によった。

参考（写真提供：全日本雑煮大図鑑）

　　　東京のお雑煮　　　　　　　　　　　　新潟のお雑煮
　　　　（鶏肉入り）　　　　　　　　　　　　（塩鮭入り）

文化と理解 I
CR 提出シート ①

理 解

		提出日		なまえ	
	グループメンバー （名前を書く）				
いま記入する	読むことについて （チェックする）	予習	a. よくわかった c. ちょっと難しかった （理由：	b. まあまあ d. とても難しかった ）	
		授業の中でよく理解できるようになりましたか	a. よくわかった c. まだちょっと難しい （理由：	b. まあまあ d. まだとても難しい ）	
	今日の授業で感じたこと、考えたこと				

課題 1
筆者は「異文化」の「異」という字についてどう考えていますか。筆者はなぜそう考えていますか。

課題 2
お雑煮の例をあげて筆者が言いたいことは何ですか。

課題 3
「知る形での文化の理解」とは何ですか。

「生きるという形での文化の理解」とは何ですか。

次回のために
①あなたが生きて身につけた文化には、どのようなものがありますか。

②テキストへの感想や考えたこと

ユニット 3　私と異文化

ユニット3
私と異文化(2)

文化と理解 II　　　　　　　　　　　　　　　　　　　　船曳 建夫

予習のために

1．課題1

❶「囲い込みモデル」とは何ですか。

❷「放射モデル」とは何ですか。

❸ 筆者は、「社会」をどのように説明していますか。

❹ 筆者は、「文化」と「社会」の違いは何であると述べていますか。

2．課題2

❶ ヨーロッパを鉄道で旅行していくと、どんな変化が起こりますか。

❷ 筆者は、文化の細かい重なり合いの例として、どんな例を挙げていますか。

3．課題3

❶ 筆者は、異なる文化を理解することは、どんなことになると説明していますか。

❷ 筆者は、文化を理解する上で重要なことは、何であると述べていますか。

文化と理解 Ⅱ

船曳 建夫

　人間がなにか集団をつくったり、なにか活動を行っている、そこに集団であるとか活動の複合体みたいなものが見いだされるとき、それを大きく二つに分けて、境界や外側がはっきりしている囲い込みモデルと、もう一つは中心がはっきりしていて、そこから放射的に影響が広がっていくという放射モデル、と私が呼ぶのですが、そういった二つのモデルを考えてみます。そして、文化というものの存在のしかたを、たとえば、社会というものの存在のしかたと比べ合わせて考えようと思います。社会というものは、比較的自立したムラのような集団から、われわれが所属している現在の国家に至るまで、彼はどこどこに属しており、私はここの者である、というメンバーシップが定まっています。そして、分かりやすい形で国境であるとか、村境であるとか、そういった地理的な境界も決まっているわけです。

　しかし、文化はそうではありません。私はおそらく日本文化の中で生きていると思いますが、そのことをメンバーシップのような形で証明されたことはありません。にもかかわらず、自分としては日本文化に「所属」しているような感じがしています。外国で生まれて外国の国籍を持っている人でも、日本に長くいることで、日本文化の内にいるという感覚を持っている人はいるでしょう。つまり、文化というのはだれが入ってもいい。もともと入るとか入らないとかいうものではないのです。文化には理念的な中心があって、そこから影響という形で広がっていきます。その広がりは理論的にはどこまでも広がっていくわけで、アメリカで豆腐を食べながら金魚を飼って、お風呂に入っている人がいてもいい。それぐらいでは日本文化の内にいるとはいえないでしょうが、日本文化の影響を受けていることにはなります。そしてそれが高じて日本文化の理念的な価値を信じ、その行動の規範と枠組みが自分の中で意識しないものになっているという人にとっては、日本文化が自分の生きている文化ということになるでしょう。

　さて、フランス文化や日本文化というような文化を考えたとき、その外側はどうなっているのでしょうか。ヨーロッパをずっと旅行していくと、国境を越えれば、国としては突然フランスからドイツになりますが、鉄道で旅行している場合、その前にもさまざまな変化が車窓から見られます。地中海のほうからフランスを横切って、たとえば、アルザスというところを渡ってドイツに入っていくと、人の感じとか服装の感じでも、ベレー帽が減るとか、つけているアクセサリーが変わるとか、それから家の屋根の形が変わるとか、風景が変わるとか、畑のわきに植えてある樹木の種類やその剪定の方法が変わるなど、すべてのものが次第次第に変わってきます。それは決して自然が変わるということだけではなくて、人間が作り出すもの、すなわち文化が変わっていくのです。そして、それは国境を渡る前から起こってい

るのです。

　国境は確かに線でつくられていて、それは囲い込みという機能をもっています。しかし、文化のほうはその外側では重なり合っているのです。お雑煮のことにそれほど詳しいわけではありませんが、関東は四角のお餅で、西のほうに行くと、どこかで丸いお餅にだんだん変わっていくのでしょう。丸いお餅と四角いお餅と両方やっているというところはないと思いますが、その境界線は地理上でかなり揺れているはずです。お餅の形だけでなく、汁がおすましか、または白みそかという違いもあるでしょうから、たとえ丸餅と四角の餅という線が引けたとしても、今度はおすましと白みその線がどこかにあるわけです。お雑煮の中にも多分五から十以上の要素があると思いますので、全体では実に微妙な差異があるわけで、主要なスタイルは数種類にまとめられても、その影響圏は常に重なり合っていると考えられます。お雑煮はお正月料理という文化的な要素の一部分であり、われわれの日本文化からすればほんのささいな部分でしょうが、そのような小さなところを取り上げても、このような細かな違いが重なり合って存在しているのです。

　このように、文化あるいは一つの文化要素というのは、その影響・分布の外縁に行くと、他の文化、文化要素と重なり合っています。もし文化がこのような在りようをもっていて、そして重なり合っている部分でお互いに影響を与え合っているとしたならば、異なる文化を理解するということは、そういった文化の重なり合いのところで、われわれがさまざまな文化を生きたり影響を受けたりするということになります。さまざまな文化の中心から影響を受けている、あるいは自分が中心にいるという場合もあるかもしれませんが、そういった文化の状況を生きるということが、文化を理解する上で重要であると思います。

船曳 建夫（ふなびき たけお）　1948年～。
文化人類学者。東京都生まれ。主な著書に、『知の技法』、『柳田国男』などがある。
本文は、教科書『新現代文』（大修館書店刊 2004）によった。

文化と理解 Ⅱ
CR 提出シート ②

理 解

		提出日		なまえ	
	グループメンバー （名前を書く）				
いま記入する	読むことについて （チェックする）	予習	a. よくわかった c. ちょっと難しかった （理由：	b. まあまあ d. とても難しかった 　　　　　　　　　　）	
		授業の中でよく理解できるようになりましたか	a. よくわかった c. まだちょっと難しい （理由：	b. まあまあ d. まだとても難しい 　　　　　　　　　　）	
	今日の授業で感じたこと、考えたこと				

課題 1
筆者は囲い込みモデルの例として何を挙げていますか。

放射モデルの例として何を挙げていますか。

課題 2
筆者は文化に「所属」するという考え方についてどう思っていますか。

課題 3
筆者は文化の境界線についてどう考えていますか。

筆者は文化の重なり合いのところで何が起こっていると述べていますか。

次回のために
①文化の重なり合いのところにいると感じた経験があれば、話し合ってみましょう。

---

②テキストへの感想や考えたこと

ユニット3　私と異文化

文化と理解 Ⅱ
CR 提出シート③

表 現

提出日　　　　なまえ

宿題は1）から3）まで

1）宿題 筆者が主張したいこと	
2）宿題 あなたにとっての「異文化」とは？（筆者と同じ点、異なる点、その理由など）	
3）宿題 作文のプラン（このエッセイを読んであなたが書きたいこと）	
4）授業 作文プランについての話し合いでもらったコメント	
5）授業 コメントをもらった後で自分が考えたこと	

「文化と理解」
CR 提出シート④

まとめ

提出日　　　なまえ

あなたにとって「異文化を理解すること」とは何ですか。「文化と理解Ⅰ」「文化と理解Ⅱ」を読んで考えたこと、クラスメイトと話し合って考えたことをもとに書いてください。

タイトル

ユニット 3
私と異文化(3)

世界中がハンバーガー　　　　　　　　　　　　　　　多木 浩二

予習のために

1．課題1

❶ ファースト・フードの流行は、何を示す1つの例として挙げられていますか。

❷ 筆者は、我々は、なぜファースト・フードの普及に興味を抱くと述べていますか。

❸ ヨーロッパの食習慣は、何から完全に脱出していますか。

2．課題2

❶ 「共食」はどういう意味ですか。

❷ もともと、共食することは、どのような意味合いを持っていましたか。

❸ ファースト・フードつまりハンバーガー店は、どんな人にとって好ましい施設ですか。

3．課題3

❶ ファースト・フードの経験は、人々にどのような意識されない感覚的な影響を与えますか。

❷ 世界のどの都市に行っても、同じ看板、同じ内装、同じメニューのファースト・フードはどのような言葉で例えられていますか。

世界中がハンバーガー

多木 浩二

　ファースト・フードの流行は、ネーションを超えた世界的な力のあらわれである。その背後には強力な資本の力が存在する。ファースト・フードのチェーンは世界的にひろがり、世界中のどの都市に行っても、同じ施設に出会い、同じ味のハンバーガーを味わわされる。これもまたアメリカからはじまったもので、ある意味で20世紀文化の本質としてのアメリカナイゼーションを端的に示しているひとつの例であろう。このアメリカナイゼーションという、ネーション・ステートを超えてひろがる文化の波及は、20世紀の歴史を考えるさいに、もはや無視できない。コンビニではそれほど感じないアメリカナイゼーションは、ファースト・フード、とくにハンバーガーのチェーン店では露骨に感じられる。このアメリカナイゼーションは、資本が商業の形態をとりながら文化の様式を携えて世界を均質化するひとつの実例であろう。世界中のどこに行っても同じサイン（とくにMというイニシアル）を目にする。まだ冷戦が続いているときに、共産圏に進出したファースト・フードが異常な人気を呼んだことは記憶にあたらしい。それは決して味覚の問題ではなく、むしろまだ見ぬ自由諸国への憧憬とでもいうべきものが作用したのであろう。

　しかし、どうしてこんなにファースト・フードが広まったのだろうか。ファースト・フードは都市生活者の食事の仕方が、格式ばったレストランより気軽さを好むようになったことを示すだけでなく、さらに人間の集合状態の変化、たとえば家族の絆が緩み、解体する傾向に対応しているとは言えよう。もっとも一概に家族の解体と対応しているとするのは乱暴な議論であろう。われわれはむしろ外国で、家族連れでファースト・フードに来ている姿を目にすることが多いのである。

　われわれがファースト・フードの普及に興味を抱くのは、徹底した食習慣の簡便化を好む都市生活者の一面が世界的に拡散していることが示唆されているからである。ヨーロッパの場合、かつての宮廷社会でのバンケットの豪奢からも、一家族が揃ってテーブルについて食事をする市民的儀礼からも完全に脱出している。以前は、食事は日常生活のなかの非日常性でもあった。とくに宮廷社会では、たっぷりと時間を掛け、人びとと共食することは娯楽でもあれば、この社交を通じて、テーブルへの着き方つまり席次が示され、そこでの会話は政治的な効果をもち、話し言葉のモードも決めていた。宮廷社会から市民社会への移行は、こうした公的な慣習が、一方では社会的な構成の変化とともに裾野をひろげ、さまざまなタイプの宴会の形式を生みながら、他方では私的な生活の増大のために公的な饗宴の意味を希薄にしていく傾向があった。

　しかしどの社会でも、もともと食事はたんに生命を維持するだけではなく、少な

くとも共食することは、それぞれの社会文化の中心にあって、象徴的な意味合いを文化にたいしてもっていた。それぞれの時代の支配階級の饗宴の意味機能から、その文化の様相を推し量ることは容易である。つまり公私にわたる食事の形式は、それぞれの社会での共同性の様相の分析を可能にするものであった。市民社会が発展していくにつれて、都市にレストランが誕生し、同時に家族の共食形式（日本では一家団欒と言われた）が家族制度を強化する象徴として維持されることにもなっていた。しかし異変が少しずつ生じてきた。ファースト・フードの出現は、家族の消滅といわないまでもその絆の希薄化と無関係でない。都市という集合における人間の行動パターンのなんらかの変化と関係をもっていた。

　ファースト・フードが世界中にひろがったのは、文化や人間の集合状態に変化が起こっていたからである。家族はこれまでほど安定したものではなくなったし、私的な生活、労働や遊びのパターンも個人的かつ多様になっていたのである。人間の接触が煩わしいものに感じる傾向も増大した。食事がもつ楽しみは感覚と社交の至上の快楽ではなくなった。それは他の行為のあいまに挿入されるものとなることが多かったし、それと平行して人間は食事を簡便に済ませることを望んだことも考慮すべきであろう。

　これまででも、都市には屋台のような形式で簡便なタイプの食の形式はあったが、ファースト・フードつまりハンバーガー店は、スーパー・マーケット同様セルフサービスを取り込み、内装を統一し、メニューを画一化して厨房を廃止し、中央の管理をきわめて容易にしたネットワークの端末である。だからファースト・フードは、食事の内容からほとんど文化的な意味を失わせたと同時に、人びとの接触の様相も変えていった。家族団欒という制度を拒否する若者、猛烈な仕事の忙しさのなかで時間を節約したい人間、他人との煩わしい関係も店員との接触も最低限に抑えたい人間にとっては、好ましい施設であった。

　もちろんファースト・フードが普及したからといって、従来の食習慣が消滅してしまったわけではない。家庭での食事は続き、従来からの都市での外食の施設は、むしろさまざまなかたちで多様化し、かつ増殖している。あるいはエスニック料理、あるいは高級化したレストランなど、グルメと称する風俗がいろいろ多様化してひろがっているなかで、ハンバーガーを中心とした規格化されたファースト・フードは、確かにアメリカを感じさせる。しかしアメリカナイゼーションにおける「アメリカ」とて実体がないのであるから、一種の無国籍的な食べ物を提供しているといってよい。この無国籍さがどのネーションでもこれほど受け入れられ、世界的にひろがりえた理由なのである。それはネーション固有の文化の希薄化に役立っている。

　もちろん都市の食文化にとってファースト・フードが占める位置は、コンビニが買い物行動にたいして占める位置と同様、全面的ではない。しかし多種多様なレストランがいたるところに叢生してくるなかに、ひとつの均質化する力として割り込

み、かつローカルな都市を世界的な規模にまでひろがった同一の網目に組み込むことは、無視できない力の兆候的現象なのである。

おそらくこうしたファースト・フードの経験は、意識されていることがら以上に、ほとんど意識されない感覚的な影響の方が大きいだろう。かつての食の内容からみると、貧困としかいいようのないメニューに慣れること、あえて社会的関係を破壊しようとしないでも、人びとはファースト・フードの利用によって、いつのまにか都市の遊民になっていくこと、そしてこの食形式の共有によってわれわれは奇妙なかたちで、われわれ自身をいつのまにか世界化していること、などである。繰り返すようだが、今や、世界のどの都市に行っても、同じ看板、同じ内装、同じメニューのファースト・フードに遭遇する。これは巨大なネットワークであり、巨大な帝国であり、メディアでさえある。ファースト・フードは都市の構造を変えるようなことではないが、世界へのくまない分散によって、都市の同質性を知覚からしみ込ませている。

多木 浩二（たき こうじ）　1928年〜2011年。
評論家。兵庫県生まれ。芸術・歴史・建築など様々な分野を記号論的な視野から探求し論考を展開している。主な著書に、『生きられた家』『天皇の肖像』『眼の隠喩』『シジフォスの笑い―アンセルム・キーファーの芸術』などがある。
本文は、『都市の政治学』（岩波書店刊 1994）によった。

世界中がハンバーガー
CR 提出シート①

理 解

		提出日	なまえ	
い ま 記 入 す る	読むことについて（チェックする）	予習	a. よくわかった c. ちょっと難しかった （理由：	b. まあまあ d. とても難しかった 　　　　　　　　　　）
		授業の中でよく理解できるようになりましたか	a. よくわかった c. まだちょっと難しい （理由：	b. まあまあ d. まだとても難しい 　　　　　　　　　　）

課題1 筆者は、「資本が商業の形態をとりながら文化の様式を携えて世界を均質化する実例」としてどんな例を挙げていますか。	
以前の食事は、人々の生活の中でどのような意味がありましたか。	
課題2 筆者は、なぜファースト・フードが世界中にひろがったと考えていますか。	
ファースト・フードの普及は、人々にどのような影響を与えましたか。	
次回のために ①あなたにとってファースト・フードとはどのようなものですか。	
②テキストへの感想や考えたこと	

世界中がハンバーガー
CR 提出シート②

表現

提出日　　　　　なまえ

宿題は1）から3）まで

1）**宿題** 筆者が主張したいこと	
2）**宿題** あなたにとっての「ネーション固有の文化の希薄化」とは？ （筆者と同じ点、異なる点、その理由など）	
3）**宿題** 作文のプラン（このエッセイを読んであなたが書きたいこと）	
4）**授業** 作文プランについての話し合いでもらったコメント	
5）**授業** コメントをもらった後で自分が考えたこと	

世界中がハンバーガー
CR 提出シート③

まとめ

提出日　　　　なまえ

あなたにとって「ネーション固有の文化の希薄化」とは何ですか。「世界中がハンバーガー」を読んで考えたこと、クラスメイトと話し合って考えたことをもとに書いてください。

タイトル

テーマ作文「私と異文化」
CR 提出シート

提出日　　　なまえ

あなたにとって「文化」とは何ですか。「文化と理解Ⅰ」「文化と理解Ⅱ」「世界中がハンバーガー」を読んで考えたこと、クラスメイトと話し合って考えたことをもとに書いてください。

タイトル

ユニット4
私と学校

　あなたにとって「学校」とはどのようなものでしょうか。なぜ子供は学校に行くのでしょうか。学校へ行くことは、どんな意味があるのでしょうか。
　クラスメイトの「学校」についての考え方を聞いて、自分の考えを振り返ってみましょう。

テキスト　　なぜ子供は学校に行かねばならないのか　　　　大江健三郎
テーマ作文　私と学校

ユニット4
私と学校

なぜ子供は学校に行かねばならないのか　　　　大江　健三郎

予習のために（その1）
考えてみましょう
インターネットでこんな質問がありました。「なぜ子供は学校に行かねばならないのか」という題のものです。ここでは、その質問と何人かの答えをもとにして、再構成しています。（教えて！goo　http://oshiete.goo.ne.jp/qa/1903795.html）

質問　なぜ子供は学校に行かねばならないのか
大人は子供は学校に行くものと決め付けている傾向がありますが、なぜでしょう？
　あくまで子供は教育を受ける権利はあっても義務はないはずです。それに学校に行かなくても勉強はできるし、フリースクール・ホームスクールもあります。サークルや習い事をすれば、友達もできなくはないでしょう。それなのに、なぜそれを強要するのでしょうか？　校則と同じくあまり意味が分かりません…？
回答お願いします。

答え1
これは国民の三大義務の1つです。納税、勤労、教育。これは国の成り立ちと関係しますから、行きたい・行きたくない、とか、税金払いたくないなどといった問題ではありません。だから、障害を持っている方にも、等しく教育を受けてもらえるように、多少経費がかさんでも場を整備しています。

答え2
学校以外で教育を受ける道もきちんとあるのに、なぜ、行くものと決めつけている「傾向」があるのか、というご質問ですよね。
簡単です。今、学生の親になっている人以上の世代は「学校は行くものだ」と教育され、そう信じて育ったからです。私もそうでした。（略）ただ、なんだかんだいって、学校はうまくできているので、学校に通うのが一番得策だというのはありますし、下手に学校を辞めると自信をなくす子供も多いですから、かなり勇気の要る選択ですよね。ちなみに、うちの息子は学校復帰して、ものすごく本人が落ち着きました。

答え3
大江健三郎さんの「自分の木の下で」にその質問に対する大江さんの考えが書かれています。おすすめします。

大江健三郎って…?
大江健三郎について知っていることを書きましょう。
知らない人は調べてみましょう。

質問に対するあなたの答えを書いてみましょう。

クラスではそれぞれの「答え」について発表し、話し合いましょう。

＊　　　＊　　　＊　　　＊　　　＊　　　＊　　　＊

予習のために(その2)
1. 場面1
❶「私はこれまでの人生で、二度そのことを考えました。」と書いてあります。二度、何について考えましたか。

❷ 最初に私が、なぜ子供は学校に行かねばならないかという疑いをもったのはいつですか。なぜですか。

❸ 進駐軍の兵隊たちが、ジープに乗って小さな村に入って来た日、私は何をしていましたか。

2. 場面2
❶ 翌朝から私はどうしましたか。

❷ 秋のなかばの強い雨の日に私はどうなりましたか。

❸ 看病してくれている母と寝ている私はどんな会話をしましたか。

❹ 翌朝、どうなりましたか。

❺ 冬にはどうなりましたか。

3. 場面3
❶「教室で勉強しながら…」は、いつの場面ですか。

4. 場面4
❶ 筆者の最初の子供の名前はなんですか。

❷ どんな子供でしたか。

❸「特殊学級」はどんな教室でしたか。「光」はそこで、どんな様子でしたか。

❹ 筆者は、もう大人になっていながら、子供だったときと同じに、どんな問いかけをしましたか。

❺ だれが、その筆者の問いかけを解きましたか。

❻「光」は学校でどんな喜びをみつけましたか。

5. 場面5
❶ どこの卒業式について書かれていますか。

❷「光」と友達はどんな会話をしましたか。

下の表をうめましょう。

	筆者は「なぜ子供は学校に行かねばならないのか」ということを二度考えた	
	一度め	二度め
いつ		
なぜ		
どんな答え		

なぜ子供は学校に行かねばならないのか

大江 健三郎

1.

　私はこれまでの人生で、二度そのことを考えました。大切な問題は、苦しくてもじっと考えてゆくほかありません。しかもそれをするのはいいことです。たとえ、問題がすっかり解決しなかったとしても、じっと考える時間を持ったということは、後で思い出すたびに意味があったことがわかります。

　私がそれを考えたとき、幸いなことに、二度とも良い答えがやってきました。それらは、私が自分の人生で手に入れた、数知れない問題の答えのうちでも、いちばん良いものだと思います。

　最初に私が、なぜ子供は学校に行かねばならないかと、考えるというより、もっと強い疑いを持ったのは、10歳の秋のことでした。この年の夏、私の国は、太平洋戦争に負けていました。日本は、米、英、オランダ、中国などの連合国と戦ったのでした。核爆弾が、はじめて人間の都市に落とされたのも、この戦争においてのことです。

　戦争に負けたことで、日本人の生活には大きい変化がありました。それまで、私たち子供らは、そして大人たちも、国でもっとも強い力を持っている天皇が「神」だと信じるように教えられていました。ところが、戦後、天皇は人間だということがあきらかにされました。

　戦っていた相手の国のなかでも、アメリカは、私たちがもっとも恐れ、もっとも憎んでいた敵でした。その国がいまでは、私たちが戦争の被害からたちなおってゆくために、いちばん頼りになる国なのです。

　私は、このような変化は正しいものだ、と思いました。「神」が実際の社会を支配しているより、人間がみな同じ権利をもって一緒にやってゆく民主主義がいい、と私にもよくわかりました。敵だからといって、ほかの国の人間を殺しにゆく——殺されてしまうこともある——兵隊にならなくてよくなったのが、すばらしい変化だということも、しみじみと感じました。

　それでいて私は、戦争が終わって一月たつと、学校に行かなくなっていたのです。

　夏のなかばまで、天皇が「神」だといって、その写真に礼拝させ、アメリカ人は人間でない、鬼か、獣だ、といっていた先生たちが、まったく平気で、反対のことをいいはじめたからです。それも、これまでの考え方、教え方は間違いだった、そのことを反省する、と私たちにいわないで、ごく自然のことのように、天皇は人間だ、アメリカ人は友達だと教えるようになったからです。

　進駐軍の兵隊たちが、幾台かのジープに乗って森のなかの谷間の小さな村に入って来た日——そこで私は生まれ育ちました——、生徒たちは道の両側に立って、手

製の星条旗をふり、Hello!　と叫んで迎えました。しかし私は学校を抜け出して、森に入っていました。

　高い所から谷間を見おろし、ミニチュアのようなジープが川ぞいの道をやって来、豆粒のような子供たちの顔はわからないけれど、確かに Hello!　と叫んでいる声が聞こえてくると、私は涙を流していたのでした。

2.

　翌朝から、私は学校へ向かうと、まっすぐ裏門を通り抜けて森へ入り、夕方までひとりで過ごすことになりました。私は大きい植物図鑑を持っていました。森の樹木の正確な名前と性質を、私は図鑑で一本ずつ確かめては、覚えてゆきました。

　私の家は、森の管理に関係のある仕事をしていたので、私が森の木の名と性質を覚えることは、将来の生活にためになるはずでした。森の木の種類はじつに沢山ありました。さらに、その一本一本が、それぞれの名前と性質を持っていることが、夢中になるほど面白かったのでした。いまでも私の覚えている樹木のラテン名は、たいていこの時の実地の勉強からきています。

　私は、もう学校には行かないつもりでした。森のなかでひとり、植物図鑑から樹木の名前と性質を勉強すれば、大人になっても生活できるのです。一方、学校に行っても、私が心から面白いと思う樹木のことに興味を持って、話し相手になってくれる先生も、生徒仲間もいないことはわかっていました。どうしてその学校に行って、大人になっての生活とは関係のなさそうなことを勉強しなければならないのでしょう？

　秋のなかば、強い雨が降る日、それでも私は森に入りました。雨はさらに激しさを増して降り続き、森のあちらこちらに、これまでなかった流れができて、道は土砂崩れしました。私は夜になっても谷間へ降りてゆくことができませんでした。しかも発熱してしまった私は、翌々日、大きいトチの木のホラのなかで倒れているところを、村の消防団の人たちに救い出されたのです。

　家に帰ってからも発熱はおさまらず、村の隣の町から来てくれたお医者さんが——私は夢の出来事のようにそれを聞いていたのですが——、もう手当ての方法もお薬もない、といって引き上げてしまうことになりました。母だけが、希望を失わず、看病してくれていたのです。そして、ある夜ふけに、私は、熱もあり、衰弱してもいたのですが、それまでの、熱風につつまれた夢の世界にいるようだった状態から、すっかり目がさめて、頭がはっきりしているのに気がつきました。

　いまは田舎でもそうでない場合がありますが、日本の家の古いやり方で、畳の床に直接しいた蒲団の上に私は寝ていました。枕もとに、もう幾日も眠っていないはずの母が坐り、私を見おろしていました。これからの会話は方言で行われたのですが、若い人に読んでもらいたいので、標準語にします。

私は自分にもおかしく感じるほど、ゆっくりした小さな声を出してたずねました。
　──お母さん、僕は死ぬのだろうか？
　──私は、あなたが死なないと思います。死なないようにねがっています。
　──お医者さんが、この子は死ぬだろう、もうどうすることもできない、といわれた。それが聞こえていた。僕は死ぬのだろうと思う。
　母はしばらく黙っていました。それからこういったのです。
　──もしあなたが死んでも、私がもう一度、産んであげるから、大丈夫。
　──……けれども、その子供は、いま死んでゆく僕とは違う子供でしょう？
　──いいえ、同じですよ、と母はいいました。私から生まれて、あなたがいままで見たり聞いたりしたこと、読んだこと、自分でしてきたこと、それを全部新しいあなたに話してあげます。それから、いまのあなたが知っている言葉を、新しいあなたも話すことになるのだから、ふたりの子供はすっかり同じですよ。
　私はなんだかよくわからないと思ってはいました。それでも本当に静かな心になって眠ることができました。そして翌朝から回復していったのです。とてもゆっくりでしたが。冬の初めには、自分から進んで学校に行くことにもなりました。

3.

　教室で勉強しながら、また運動場で野球をしながら──それが戦争が終わってから盛んになったスポーツでした──、私はいつのまにかボンヤリして、ひとり考えていることがありました。いまここにいる自分は、あの熱を出して苦しんでいた子供が死んだ後、お母さんにもう一度産んでもらった、新しい子供じゃないだろうか？ あの死んだ子供が見たり聞いたりしたこと、読んだこと、自分でしたこと、それを全部話してもらって、以前からの記憶のように感じているのじゃないだろうか？ そして僕は、その死んだ子供が使っていた言葉を受けついで、このように考えたり、話したりしているのじゃないだろうか？
　この教室や運動場にいる子供たちは、みんな、大人になることができないで死んだ子供たちの、見たり聞いたりしたこと、読んだこと、自分でしたこと、それを全部話してもらって、その子供たちのかわりに生きているのじゃないだろうか？　その証拠に、僕たちは、みんな同じ言葉を受けついで話している。
　そして僕らはみんな、その言葉をしっかり自分のものにするために、学校へ来ているのじゃないか？　国語だけじゃなく、理科も算数も、体操ですらも、死んだ子供らの言葉を受けつぐために必要なのだと思う！　ひとりで森のなかに入り、植物図鑑と目の前の樹木を照らしあわせているだけでは、死んだ子供のかわりに、その子供と同じ、新しい子供になることはできない。だから、僕らは、このように学校に来て、みんなで一緒に勉強したり遊んだりしているのだ……
　私がこれまで話してきたことを、皆さんは、不思議な話だ、と思われたかもしれ

ません。私もいま、自分の経験したことをずいぶん久しぶりに思い出していながら、大人になった自分には、あの冬の初め、とうとう病気がなおって、静かな喜びとともにまた学校へ行くようになった時、はっきりと理解できていたことが、じつは、よくわからなくなっている、という気がしますから。

　その一方で、いま現在、子供である、新しい子供である皆さんには、すっきりと理解していただけるかもしれないと希望を持って、これまで書いたことのない思い出を話したのです。

4.
　さて、もうひとつ思い出にあるのは、私が大人になってからの出来事です。私の家庭の最初の子供は、光という男の子ですが、生まれて来るとき、頭部に異常がありました。頭が大小、ふたつあるように見えるほどの、大きいコブが後頭部についていました。それを切りとって、できるだけ脳の本体に影響がないように、お医者さんが傷口をふさいでくださったのです。

　光はすくすく育ちましたが、4、5歳になっても言葉を話すことはできませんでした。音の高さや、その音色にとても敏感で、まず人間の言葉より野鳥の歌を沢山おぼえたのです。そして、ある鳥の歌を聞くと、LPで知った鳥の名をいうことができるようにもなりました。それが、光の言葉のはじまりでした。

　光が7歳になった時、健常な子供より一年遅れて、「特殊学級」に入ることになりました。そこには、それぞれに障害を持った子供たちが集まっています。いつも大きい声で叫んでいる子供がいます。じっとしていることができず、動きまわって、机にぶつかったり、椅子をたおしてしまったりする子もいます。窓から覗いてみると、光はいつも耳を両手でふさいで、身体を固くしているのでした。

　そして私は、もう大人になっていながら、子供だった時と同じ問いかけを、自分にすることになったのです。光はどうして学校に行かなければならないのだろう？　野鳥の歌だけはよくわかって、その鳥の名を両親に教えるのが好きなのだから、3人で村に帰って、森のなかの高いところの草原に建てた家で暮らすことにしてはどうだろうか？　私は植物図鑑で樹木の名前と性質を確かめ、光は鳥の歌を聞いては、その名をいう。家内はそのふたりをスケッチしたり、料理を作ったりしている。それでどうしていけないだろう？

　しかし、大人の私には難しいその問題を解いたのは、光自身だったのです。光は「特殊学級」に入ってしばらくたつと、自分と同じように、大きい音、騒音がきらいな友達を見つけました。そしてふたりは、いつも教室の隅で手を握りあってじっと耐えている、ということになりました。

　さらに、光は、自分より運動能力が弱い友達のために、トイレに行く手助けをするようになりました。自分が友達のために役にたつ、ということは、家にいるかぎりな

にもかも母親に頼っている光にとって、新鮮な喜びなのでした。そのうちふたりは、他の子供たちから離れたところに椅子を並べて、FMの音楽放送を聞くようになりました。

そして1年もたつと、光は、鳥の歌よりも、人間の作った音楽が、自分にはさらによくわかる言葉だ、と気がついていったのです。放送された曲目から、友達が気にいったものの名前を紙に書いて持ち帰り、家でそのCDを探してゆく、ということさえするようになりました。ほとんどいつも黙っているふたりが、おたがいの間ではバッハとかモーツアルトとかいう言葉を使っていることに、先生方が気がつかれることにもなりました。

5.

「特殊学級」、養護学校と、その友達と一緒に光は進んでゆきました。日本では、高校三年生をおえると、もう知的障害児のための学校はおしまいです。卒業してゆく光たちに、先生方が、明日からもう学校はありません、と説明されるのを、私も親として聞く日が来ました。

その卒業式のパーティーで、明日からもう学校はない、と幾度も説明を受けた光が、

——不思議だなあ、といいました。

するとその友達も、

——不思議だねえ、と心をこめていい返したのでした。ふたりとも驚いたような、それでいて静かな微笑を浮かべて。

母親から音楽を学んだのがはじまりで、もう作曲するようになっていた光のために、私がこの会話をもとに詩を書いて、光は曲をつけました。その曲が発展した『卒業・ヴァリエーションつき』は、いろんな演奏会で多くの人に聴かれています。

いま、光にとって、音楽が、自分の心のなかにある深く豊かなものを確かめ、他の人につたえ、そして自分が社会につながってゆくための、いちばん役にたつ言葉です。それは家庭の生活で芽生えたものでしたが、学校に行って確実なものとなりました。国語だけじゃなく、理科も算数も、体操も音楽も、自分をしっかり理解し、他の人たちとつながってゆくための言葉です。外国語も同じです。

そのことを習うために、いつの世の中でも、子供は学校へ行くのだ、と私は思います。

大江 健三郎 （おおえ けんざぶろう）　1935年〜。

日本の小説家。愛媛県喜多郡内子町の出身。1958年、芥川賞を受賞。
1994年には、ノーベル文学賞を受賞。
本文は、『「自分の木」の下で』（朝日新聞出版刊 2001）によった。

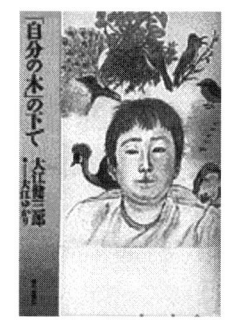

なぜ子供は学校へ行かねばならないのか
CR 提出シート①

理 解

提出日　　　　　　　なまえ

グループメンバー
（名前を書く）

いま記入する	読むことについて（チェックする）	予習	a. よくわかった　　　　　b. まあまあ c. ちょっと難しかった　　d. とても難しかった （理由：　　　　　　　　　　　　　　　　　）
		授業の中でよく理解できるようになりましたか	a. よくわかった　　　　　b. まあまあ c. まだちょっと難しい　　d. まだとても難しい （理由：　　　　　　　　　　　　　　　　　）
	今日の授業で感じたこと、考えたこと		

課題1
戦争が終わって大きい変化がありましたが、「私」はこのような変化をどう思いましたか。

課題2
なぜ「もう学校には行かないつもり」だったのだと思いますか。「ふたりの子供はすっかり同じですよ」と母は言いました。「ふたりの子供」はだれとだれですか。なぜ「すっかり同じ」ですか。

課題3
筆者は自分の経験から「なぜ子供は学校に行かねばならない」と考えるようになりましたか。

課題4
「光」にとっての音楽はどんなものですか。光の経験から筆者はなんのために「子供は学校へ行くのだ」と考えていますか。

次回のために
①あなたはなぜ「子供は学校へ行くのだ」と思いますか。

②テキストへの感想や考えたこと

ユニット4　私と学校

なぜ子供は学校に行かねばならないのか
CR 提出シート②

表 現

	提出日　　　　なまえ
宿題は1）から3）まで	
1）**宿題** 筆者が主張したいこと	
2）**宿題** あなたにとっての「学校」とは？（筆者と同じ点、異なる点、その理由など）	
3）**宿題** 作文のプラン（このエッセイを読んであなたが書きたいこと）	
4）**授業** 作文プランについての話し合いでもらったコメント	
5）**授業** コメントをもらった後で自分が考えたこと	

テーマ作文「私と学校」
CR 提出シート③

まとめ

提出日　　　　　なまえ

あなたにとって「学校」とは何ですか。「なぜ子供は学校に行かねばならないのか」を読んで考えたこと、クラスメイトと話し合って考えたことをもとに書いてください。

タイトル

ユニット5
私と他者

　あなたは自分が一人で生きていると思っていますか。例えば、自分でお金を稼いで、一人暮らしをしている人は、自分が一人で生きているような気がするかもしれません。しかし、実際には、どんな人でも、周りにいる様々な他者と関係を持ちながら生活しています。あなたの周りにいる他者は、自分を助けてくれるような頼りになる存在でしょうか。それとも、自分のしたいことを邪魔するようなわずらわしい存在でしょうか。あなたにとって、他者とはどのような存在なのかを考えてみましょう。また、自分がこれまで他者とどのように関係を築いてきたかを振り返ってみましょう。そして、今、自分が他者とどのような関係を築いているかをクラスメイトと話し合ってみましょう。

テキスト1	情けは人のためならず	上野　千鶴子
テキスト2	自分だけのつぶやきを人に話してもいいの	
	「他人に嫌われること」を気にしてはいけないの	西　研
テキスト3	あなたなしでは生きてゆけない	内田　樹
テーマ作文	私と他者	

ユニット5
私と他者(1)

情けは人のためならず　　　　　　　　　　上野 千鶴子

予習のために
1．課題1
❶「情けは人のためならず」ということわざの元々の意味は何ですか。

❷「見も知らぬ極東の女」とは誰ですか。

❸ 旅先で出会った相手と筆者は、どんなことを「暗黙のうちに知っている」のでしょうか。

❹ 筆者は、「カトマンドゥで死ぬ思いをした」と述べていますが、なぜですか。

❺ 筆者は、旧ユーゴスラビアで知り合ったカップルとどこへ出掛けましたか。

2．課題2
❶「忘恩の輩」の意味は何ですか。

❷ 筆者は、アメリカ在住の韓国女性が来たとき、何をしてあげましたか。

❸ 筆者は、なぜ他人に親切にするのでしょうか。

情けは人のためならず

上野 千鶴子

「情けは人のためならず」ということわざがある。最近では、親切にしてあげるとその人のためにならない、という意味で解釈されているらしい。もともとは他人にしてあげた親切はまわりまわっていずれ自分に返ってくる、という意味であるが、カネと情けは天下の廻りもの。廻りまわって他人に届けばよい。最近もひとりの学生が「先生にはたいへんお世話になりました。このお礼は自分の教える学生に返します」と言って巣立っていった。それでいいのである。

旅に出ると、このことわざが身に沁みる。この先二度と出会う可能性のないひとが、見も知らぬ極東の女に情けをかけてくれる。「ありがとう。今度あなたが日本に来るときがあったら、連絡してね。わたしにできることがあれば何でもするから」と口にしながら、そんな機会は決して訪れないだろうと相手もわたしも暗黙のうちに知っている……。発展途上国などで出会うひとたちなら、ことさらそういう思いが募る。一生飛行機に乗ることもなく、自分の生まれ育った場所を生涯離れることもなく、ましてや日々のたつきはしのげても年収の何倍かする飛行機代を捻出することは考えもつかないひとに、そう口にするだけでもはばかられる。それなのに、縁もゆかりもない外国の女に宿を貸し、食事を与え、日がな一日、忍耐強くつきあってくれる。

ネパールのポカラの農家でホームステイしたときもそうだった。ことばの通じない農家の主婦と庭先でほほえみながら一日過ごした。小学校に通っている娘が、かたことの英語で通訳してくれた。用意してくれたベッドにはマットレスと布団のあいだにスリーピングバッグが敷いてあり、奇妙なことをするものだと、寝苦しいのでとりのけたが、あとで布団に付いた南京虫を防ぐための、客人向けの特別な配慮だったと知った。

メキシコのインディヘナ（先住民）の村を訪れたときも、深夜に着いたわたしたちのために、宿さえない村で自分たちのベッドを明けわたし、泊めてくれた家族がいた。シーツの交換など望むべくもないが、不自由をしのんで場所を空けてくれた善意を思えばぜいたくはいえない。わたしはおかげで、どこでも眠れる、出されたものは何でも食べられる、という特技が身についた。世の中には「もてなしの作法」というノウハウ本はあるが、「もてなされ方の作法」というノウハウ本も必要だと思う。気持ちよくもてなされるから、もてなすほうもその気になってくれるのだろう。好き嫌いは言わない、出されたものは残さず食べる、使ったものは元の状態にして戻す……などは、基本的なお作法だろう。

カトマンドゥではそのせいで死ぬ思いをした。ごくふつうの家庭のごくふつうの食事をしたい、というわたしの希望を入れて招待されたお宅では、玄米にダルカレー

（豆でつくったいちばん質素なカレー）をお皿にいっぱい盛って出してくれた。家族が全員わたしの食べ終わるのをじっと見守るなかで——というのも、ネパールでは客人が食べ終えてから家族が食べるという習慣があるため——「どうだ、おいしいか」と聞かれ、「おいしい」と答えたら、「もう一皿どうか」と勧められた。断り切れずにイエスと答えたあとに出てきた、山盛りのような玄米とダルカレーを残さずに食べるのは、ほんとに苦行だった！

　旧ユーゴスラヴィア（現クロアチア）のザグレブで知り合ったカップルとは、ドライブツアーに誘われてそのまま山越えをして地中海のリゾートまで出かけた。初めて泳いだエーゲ海の水は、七月だというのにふるえあがるほど冷たかった。解体前のユーゴスラヴィアで東ドイツ製のおんぼろ車を走らせ、着いた宿は海岸から奥まった山岳地帯の質素な山荘だった。妻のほうが父方から受け継いだ山小屋だという。夫は荒れた丘陵を望みながら、チトー（元ユーゴスラヴィア大統領）が反ナチス闘争を率いていた時代にはここがパルチザンの拠点だったんだ、と言う。なるほどアフガニスタンの荒涼たる山岳地帯を思わせる山や渓谷が入り組んだ地形は、土地の者でなければ容易に探索できないことだろう。「おじいさんはパルチザンだった。オヤジもパルチザンだった。ぼくの家系はパルチザンなんだ」というせりふが、違和感なく聞こえてしまう風景のなかで一夜を過ごしたカップルとは、涙を流して別れた。

　こうやって思い出してみると、そのときどきの情景や気分は鮮明に思い浮かぶのに、相手の顔も名前も忘れている。われながら忘恩の輩（やから）だと思うが、記憶というのはそんなものだろう。欧米の人たちなら、「日本へ来たら連絡してね」と言うと、ほんとに連絡がくる。それもいつからいつまでしかいないから、そのあいだに会いたい、ととつぜん連絡が飛びこんでくる。出先でお世話になった方なら、できるだけけつごうをつけるようにする。先日もアメリカ在住の韓国女性がイラン人の夫を伴って研究室へやって来た。日本でやりたいことは……と希望を聞いて、目の前で何人かの知人に電話をかけて訪問先をアレンジする。こういうときには自分の持っているネットワークが財産になる。知らないひとを知っているひとに紹介するのはリスクが伴う。人脈を紹介するというのは、ほんとうはいちばんの贈り物だ。迷惑をかけることになるかもしれないが、無理をきいてもらう。こういうときほど、友人がありがたいことはない。

　「どうしてそんなに親切にしてくれるの？」と聞かれて、答えに詰まる。

　「わたしがほかの人に同じようにしてもらったから」という答えを、思わず口にしていた。その瞬間、あのときのあのひと、このひとの顔が思い浮かぶ。二度と会うこともなく、そのひとの親切にお返しする機会もないが、そのお返しは、まったく別のひとのもとへ巡っている。それでいいんだ、と思う。

　自分が何者でもなく、他人さまの情けにすがって生きるほかない立場に立たされ

たら、他人の親切が身に沁みる。外国へ旅するのは、人生の棚卸しにもよい。生きるのに何が必要で、何が必要でないか、ときどきふりかえるにも役に立つ。

上野 千鶴子（うえの ちづこ）　1948年〜。
社会学者。富山県生まれ。東京大学名誉教授。女性学やジェンダー研究の立場から、従来の枠組みにとらわれない新しい研究成果を発表している。主な著書に、『近代家族の成立と終焉』、『ナショナリズムとジェンダー』などがある。
本文は、『国境　お構いなし』（朝日新聞出版刊 2003）によった。

情けは人のためならず
CR 提出シート①

理 解

		提出日	なまえ	
	グループメンバー （名前を書く）			
い ま 記 入 す る	読むことに ついて （チェックする）	予習	a. よくわかった　　　　　b. まあまあ c. ちょっと難しかった　 d. とても難しかった （理由：　　　　　　　　　　　　　　　　　）
		授業の中でよく 理解できるよう になりましたか	a. よくわかった　　　　　b. まあまあ c. まだちょっと難しい　 d. まだとても難しい （理由：　　　　　　　　　　　　　　　　　）
	今日の授業で 感じたこと、 考えたこと		

課題1 筆者は、今まで、どんな場所で「情け」を受けてきましたか。	
その場所で、どんな「情け」を受けてきましたか。	

課題2 「人生の棚卸し」とはどのような意味ですか。	
筆者は、「情け」をどのように考えていますか。	
筆者の考える「情け」とことわざの「情け」の意味はどう違いますか。	

次回のために ①あなたが今まで受けてきた「情け」には、どのようなものがありますか。	
②テキストへの感想や考えたこと	

情けは人のためならず
CR 提出シート②

表 現

提出日　　　　　なまえ

宿題は1）から3）まで

1）宿題 筆者が主張したいこと	
2）宿題 あなたにとっての「情け」とは？（筆者と同じ点、異なる点、その理由など）	
3）宿題 作文のプラン（このエッセイを読んであなたが書きたいこと）	
4）授業 作文プランについての話し合いでもらったコメント	
5）授業 コメントをもらった後で自分が考えたこと	

情けは人のためならず
CR 提出シート③

まとめ

提出日　　　　　なまえ

あなたにとって「情け」とは何ですか。「情けは人のためならず」を読んで考えたこと、クラスメイトと話し合って考えたことをもとに書いてください。

タイトル

ユニット5
私と他者(2)

自分だけのつぶやきを人に話してもいいの
「他人に嫌われること」を気にしてはいけないの　　　　西 研

予習のために

1．課題1
『自分だけのつぶやきを人に話してもいいの』
❶ 今どきの大学生の多くは、他人とどのような人間関係を保とうとしていますか。

❷ 筆者が高校生だったころ、筆者は、他人とどのような関係を保っていましたか。

❸ 筆者が大学生だったころは、他人とどのような関係を保っていましたか。

2．課題2
『「他人に嫌われること」を気にしてはいけないの』
❶ 大学生に「あなたが恐れていること」という題で書いてもらったら、どのような答えが返ってきましたか。

❷ 筆者は、かつての大学生は、どうだったと述べていますか。

❸ いまの大衆化した大学生は、どうですか。

自分だけのつぶやきを人に話してもいいの

西 研

　いまどきの大学生の多くが、自分の価値観（生き方）や悩みをあまり他人とは話さない。そういうことを口に出すような「濃い」関係を避けて、自分の内面とまわりの人たちとのあいだに一定の距離を保とうとしている。でも彼らが他人との関係においてクールかというとそうではなく、むしろ自分が他人からどう見られているか、嫌われていないかをひどく気にしている。相手が自分をどう思っているのか確信がなく、いつも疑心暗鬼である。

　高校生だった70年代前半のぼくを考えてみると、やはり「内側」のことを誰かに話すなんてことは考えもしなかった。——思春期くらいから、多くの人が「自分だけの世界」をつくりはじめる。そして、親はもちろん友だちも知らない自分だけの心の世界のなかでいろいろとつぶやく。「あいつのこういう点はちょっといいな、こいつのこういう点は醜いな」というふうに他人を観察していたり、「まわりのやつらは何も考えないバカなやつばっかりだ」と思っていたりする。

　ぼくが孤独なつぶやきを外に向かって開きはじめたのは大学に入ってからのことだが、そのきっかけとなったのは、「社会変革」や「解放」という言葉に出会ったことが大きい。「鬱屈した自分をどうやって解放できるのか、解放とは本当はどういうことなのか、人々が解放された社会をどのように構想できるのか」というようなことをぼくなりに一生懸命考えずにはおれなかったし、友人たちともいろいろと話すことになった。つまり、解放の可能性を信じ求めるということが人々のあいだに生きていたからこそ、自分の悩みや価値観についても他人と話しあっていくことができたのだ。

　話しあうとは、「ぼくはこう思うけど君はどんな感じかなあ？」というふうに、お互いの感触をたずねあい確かめあうことだ。それは論争して相手より優位に立とうとすることとはちがう。こういう仕方を覚えることによって、ぼくは相手のなかで自分の言葉がちゃんと「受けとめられている」という実感を持つことができた。そして、他の人たちも自分と同じように苦しんだり悩んだりしていること、そしてよいこと・美しいことを心の底では誰でもが求めていること、そういうことを信じることができるようになった。

　しかしいまの若い人たちには、生き方を確かめあうための「きっかけ」がない。そこでぼくは、哲学をそういうものに改造しようとたくらんでいるのである。

「他人に嫌われること」を気にしてはいけないの

西 研

　大学生に「あなたが恐れていること」という題で書いてもらったら、いちばん多かったのは「他人に嫌われること」だった。
　「集団のなかで孤独になるのがとても怖くて自分の意見をいえなかったりねじまげたりする」「友だちと待ち合わせをしていて相手がなかなかこないと見捨てられるのではないかと不安になる。話をしていても相手が自分のことをどう思っているのか気になって仕方がない」。全体の三分の一くらいの人がこのように書いてきたのだが、そんなにも多くの人が他者関係に脅えながら毎日を過ごしているのには驚いた。
　この現象は、「集団主義的教育の結果そうなったのだ」とか「日本人はもともと他者志向的なのだ」というような言い方では説明がつかないと思う。日本社会では、80年代くらいから「人は自分の幸福のために生きてよい」という個人主義の感覚が広がってきたが、それにつれて学校のなかでも、集団が個人を拘束する力（学校内ではこうふるまうのが当然、という規範の力）は明らかに弱まってきている。なのに、集団や友だちとの関係に脅える若者の数はむしろ増えているのだ。これはどういうことなのだろうか。
　かつて大学へ進学することが少数者の特権だった時代があった。そのころの大学生はいまよりもずっと「大人」だった。〈貧困のために進学できない友人たちもいるのに自分は大学までこられたのだから、ぜひとも社会に貢献する立派な人間にならなくてはいけない〉。こういう時代には、何が本当に貢献といえるのか、どういう進路をとるべきなのかについて悩むことはあっても、他人の視線が気になって仕方がない人は少なかっただろう。「社会に貢献する人物になる」という目標がはっきりしているからだ。
　何が価値あることなのかが自分のなかではっきりしていて、自分がそこをめざして進んでいると思えるとき、人は他人の視線にあまり脅えないですむ。誰が何といおうと我が道を行く、というふうな「気概」を持つこともある。しかしいまの大衆化した大学の学生には、大義も人生の目標も与えられない。そして進むべき方向がはっきりしないとき、人は自分自身の存在を肯定することができない（俺ってカッコいいとなかなか思えない）。だから「他者から嫌われない」ということが自分を支える最後の手段になってくるのだ。
　いまどきの若者は、自分の価値観を築きあげ自信を持って生きていくためには、かなり苦労しなくてはいけなくなっているのだなあ、と思う。

西 研（にし けん） 1957年〜。

哲学者。東京医科大学教授。1957年鹿児島県生まれ。1986年、東京大学大学院総合文化研究科修士課程修了。学生時代から小阪修平氏・竹田青嗣氏らと哲学の研究会をつづける。主な著書に、『実存からの冒険』、『ヘーゲル・大人のなりかた』、『哲学のモノサシ』、『「考える」ための小論文』などがある。

本文は、『自分と世界をつなぐ 哲学の練習問題』（日本放送出版協会刊 1998）によった。

自分だけのつぶやきを人に話してもいいの
「他人に嫌われること」を気にしてはいけないの
CR 提出シート①

理 解

		提出日	なまえ	
グループメンバー （名前を書く）				
い ま 記 入 す る	読むことに ついて （チェックする）	予習	a. よくわかった c. ちょっと難しかった （理由：	b. まあまあ d. とても難しかった 　　　　　　　　　）
		授業の中でよく 理解できるよう になりましたか	a. よくわかった c. まだちょっと難しい （理由：	b. まあまあ d. まだとても難しい 　　　　　　　　　）
	今日の授業で 感じたこと、 考えたこと			

課題1
筆者は、話し合うことはどんなことだと考えていますか。

筆者は、話し合うことによって何ができるようになったと述べていますか。

筆者は、哲学をどのようなものに改造しようと考えていますか。

課題2
筆者は、どうすれば他人の視線にあまり脅えなくてすむと述べていますか。

今の大学生は、なぜ「他者から嫌われない」ということが自分を支える最後の手段になるのですか。

次回のために
①あなたは、他人とどのような関係を保ちたいですか。

②テキストへの感想や考えたこと

ユニット5　私と他者

自分だけのつぶやきを人に話してもいいの
「他人に嫌われること」を気にしてはいけないの
CR提出シート②

表 現

提出日　　　　　なまえ

宿題は1）から3）まで

1）宿題 筆者が主張したいこと	
2）宿題 あなたにとっての「他人との関係の意味」とは？ （筆者と同じ点、異なる点、その理由など）	
3）宿題 作文のプラン（このエッセイを読んであなたが書きたいこと）	
4）授業 作文プランについての話し合いでもらったコメント	
5）授業 コメントをもらった後で自分が考えたこと	

自分だけのつぶやきを人に話してもいいの
「他人に嫌われること」を気にしてはいけないの
CR 提出シート③

まとめ

提出日　　　　　なまえ

あなたにとって「他者」とは何ですか。「自分だけのつぶやきを人に話してもいいの」、「「他人に嫌われること」を気にしてはいけないの」を読んで考えたこと、クラスメイトと話し合って考えたことをもとに書いてください。

タイトル

ユニット5
私と他者(3)

あなたなしでは生きてゆけない　　　　　　　　　　　　　　内田 樹
___

予習のために
❶ 筆者は、何と何が苦手ですか。

❷ 筆者の税務に関することとITに関することは、それぞれ誰がしていますか。

❸ 筆者は、自分が税務に関することとITに関することを人にやってもらっていることをどう思っていますか。

❹ 筆者は、自己責任・自己決定という自立主義的生活規範をどう思っていますか。

❺ 筆者は、キャッチボールしている人は、どんなメッセージをやりとりしていると言っていますか。

❻ 筆者は、「I cannot live without you.」の「you」の数をどれだけ増やすことができるかが、何の指標になると言っていますか。

❼ 筆者が「その人なしでは生きてゆけない人」が増えることが生存確率を向上させると考える理由は何ですか。

❽ 筆者は、どんな人に取り囲まれて生きていますか。そのことをどう思っていますか。

あなたなしでは生きてゆけない

内田 樹

　消費税を払わなくてはいけない事業者になってしまったらしいという話をブログに書いて、泣き言を並べていたら、いかなる天の配剤か、単位に「円」がつくと四則計算が不自由になる私のもとに神は税理士をお遣わしくださった。
　かつて強度のマニュアル失読症であり、ＰＣのメカニズムもまったく理解していない（する気もない）にもかかわらず、最先端のＩＴ環境で仕事をしたいと詮無いことを言っていたら天は私にＩＴ秘書を遣わした。
　なんでも言ってみるものである。
　今回、あんなことを書いたら、さまざまな方が嚙んで含めるように「あのね、消費税っていうのはね……」とご説明のメールを送ってくださった（世界はよい人ばかりである）。
　だが、その中に私の理解力がこと税務に関するときにどれほど低調になるのかを熟知して、小学生にもわかるような説明をしてくださった方はひとりしかおられなかった。
　その税理士の方はかねてより私の本やブログを読まれて私の財務処理能力の病的な低さに心を痛めていたのである。
　その方の言葉が私を感動させたのは、「あなたはわかんなくてもいいんです」という「無能に対する寛容さ」が伏流していたからである。
　これは私のＩＴ秘書たちにも共通するところの美質である。
　「こっちでやっときますから、センセイはその辺で昼寝してください」という彼らの甘言によって私の魂は久しい安寧を享受してきた。
　私はそれでよいと思っている。
　「餅は餅屋」「蛇の道は蛇」「好きこそものの上手なれ」と多くの俚諺(りげん)が教えている。
　ひとりひとりおのれの得手については、人の分までやってあげて、代わりに不得手なことはそれが得意な人にやってもらう。
　この相互扶助こそが共同体の基礎となるべきだと私は思っている。
　自己責任・自己決定という自立主義的生活規範を私は少しもよいものだと思っていない。
　自分で金を稼ぎ、自分でご飯を作り、自分で繕い物をし、自分でＰＣの配線をし、自分でバイクを修理し、部屋にこもって自分ひとりで遊んで、誰にも依存せず、誰にも依存されないで生きているような人間を「自立した人間」と称してほめたたえる傾向があるが、そんな生き方のどこが楽しいのか私にはさっぱりわからない。
　それは「自立している」のではなく、「孤立している」のである。
　私は自分で生活費を稼いでいるし、身の回りのことはだいたいひとりでできるけ

れど、そんなことを少しもよいことだと思っていない。
　できることなら私の代わりに誰かがお金を稼いでくれて、ご飯も作ってくれるし、洗濯もアイロンかけも、ゴミ出しもトイレ掃除も全部してくれる状態が来ればいいなと思っている。だって、そうすれば、私はその誰かに代わってお金を稼いだり、ご飯を作ったり、洗濯をしたり、アイロンかけをしたり、ゴミ出しやトイレ掃除をすることができるからである。
　自分がしなければいけないことを誰かがしてくれれば、そうやって浮いたリソースで他人のしなければいけないことを私が代わりにやってあげることができる。
　それがレヴィナスの言う pour l'autre（他者のために／他者の身代わりとして）ということの原基的な形態だと思う。
　それが「交換」であり、それが人性の自然なのだと私は思う。
　ひとりでできることをどうして二人がかりでやらなければならないのか、理解できない人がいるかも知れない。その人はたぶん「交換」というものがどのように構造化されているのか、その人類学的な根本事実を理解し損ねている。
　「交換」の起源的なかたちは「キャッチボール」という遊びのうちに生き残っている。
　ひとりが投げる、ひとりがそれを受け取り、投げ返す。この遊びが「交換」の原型である。
　このやりとりは何の価値も生み出していない。だから、経済合理性を信じる人には、これはエネルギーと時間だけがむなしく費消され、ボールやグローブが少しずつ摩滅する「純然たる無為」に映る。けれども、私たちは実際には飽きることなくこのボールのやりとりに興じる。
　それはここに交換の本質があることを私たちが無意識のうちに知っているからである。
　キャッチボールはひとりではできない。私が投げる球を受け取った相手のグローブの発する「ぱしっ」という小気味良い音と、相手が投げる球を捕球したときの手のひらの満足げな痺れのうちに、私たちは自分がそのつど相手の存在を要請し、同時に相手によって存在することを要請されていることを知る。
　あなたなしでは私はこのゲームを続けることができない。キャッチボールをしている二人は際限なくそのようなメッセージをやりとりしているのである。このとき、ボールとともに行き来しているのは、「I cannot live without you」という言葉なのである。
　これが根源的な意味での「贈与」である。
　私たちはそのようにして他者の存在を祝福し、同時に自分の存在の保証者に出会う。
　「私はここにいてもよいのだ。なぜなら、私の存在を必要としている人が現に目

の前にいるからである」という論理形式で交換は人間の人間的尊厳を基礎づける。交換の本義はそのような相互的な「存在の根拠づけ」に存するのであり、交換される記号や商品や財貨といった「コンテンツ」には副次的な意味しかない。

　ひとりでできることを二人がかりでやる。それによって「あなたなしでは私はこのことを完遂できない」というメッセージを相互に贈り合うこと。それがもっとも純粋な交換のかたちである。

　I cannot live without you.

　これは私たちが発することのできるもっとも純度の高い愛の言葉である。
　私はこのyouの数をどれだけ増やすことができるか、それが共同的に生きる人間の社会的成熟の指標であると思っている。
　幼児にとってこのyouはとりあえず母親ひとりである。子どもがだんだん成熟するに従って、youの数は増えてゆく。
　たぶん、ほとんどの人は逆に考えていると思うけれど、「その人がいなくては生きてゆけない人間」の数の多さこそが「成熟」の指標なのである。
　どうして「その人なしでは生きてゆけない人」が増えることが生存確率を向上させるのか、むしろ話は逆ではないのかと疑問に思われる向きもおられるであろう。「誰にも頼らなくても、ひとりで生きてゆける」能力の開発の方が生き延びる確率を高めるのではないか。経済合理性を信じる人ならそのように考えるだろう。
　だが、それは短見である。
　「あなたがいなければ生きてゆけない」という言葉は「私」の無能や欠乏についての事実認知的言明ではない。そうではなくて、「だからこそ、あなたにはこれからもずっと元気で生きていて欲しい」という、「あなた」の健康と幸福を願う予祝の言葉なのである。
　自分のまわりにその健康と幸福を願わずにはいられない多くの人々を有している人は、そうでない人よりも健康と幸福に恵まれる可能性が高い。それは、（キャッチボールの例から知れるように）祝福とは本質的に相互的なものだからである。
　自分の懐で安らいでいる赤ちゃんの訴えるようなまなざしのうちに「あなたがいなければ私は生きてゆけない」というメッセージを読む母親は、必ずそれに「私もまた、あなたなしでは生きてゆくことができない」というメッセージで応じることになる。というのは、あるメッセージを正しく受信したことを相手に伝える最良の方法は同じメッセージを送り返すことだからである。
　私は現に「その人」がいないと直接生活に支障をきたすような多くの人に取り囲まれて生きている。
　その数はどうやら年々増えているようである。

だが、私はそれを少しも「困ったこと」だと思っていない。その理路は上記の如くである。

内田 樹（うちだ たつる） 1950年〜。
思想家。専門はフランス現代思想、映画論、武道論。東京都立大学大学院人文科学研究科博士課程中退。東京都立大学人文学部助手、神戸女学院大学文学部助教授、教授を経て、現在、同大学名誉教授。主な著書に、『下流志向―学ばない子どもたち 働かない若者たち』、『先生はえらい』、『寝ながら学べる構造主義』、『レヴィナスと愛の現象学』などがある。
本文は、『ひとりでは生きられないのも芸のうち』（文藝春秋刊 2008）によった。

あなたなしでは生きてゆけない
CR 提出シート①

理 解

		提出日	なまえ	
	グループメンバー (名前を書く)			
いま記入する	読むことについて (チェックする)	予習	a. よくわかった　　　　　b. まあまあ c. ちょっと難しかった　　d. とても難しかった (理由：　　　　　　　　　　　　　　　　　)
		授業の中でよく理解できるようになりましたか	a. よくわかった　　　　　b. まあまあ c. まだちょっと難しい　　d. まだとても難しい (理由：　　　　　　　　　　　　　　　　　)
	今日の授業で感じたこと、考えたこと		

課題1
筆者は「誰にも依存せず、誰にも依存されないで生きているような」生き方をどう思っていますか。

課題2
筆者は、どうして課題1のように思っていますか。

課題3
筆者は「交換」にはどのような意味があると考えていますか。

課題4
筆者は「その人がいなくては生きてゆけない人間」を多く持つことには、どのような意味があると考えていますか。

次回のために
①「自立主義的生活規範」に対する筆者の考えについて、あなたはどう思いますか。

②テキストへの感想や考えたこと

ユニット5　私と他者　117

あなたなしでは生きてゆけない
CR 提出シート②

表 現

提出日　　　　なまえ

宿題は1）から4）まで

1）宿題 このエッセイで筆者が一番主張したいことは何ですか。	
2）宿題 「誰にも頼らなくても、ひとりで生きてゆける」能力を開発することは、あなたにとって必要ですか、必要ではありませんか。それはどうしてですか。	
3）宿題 あなたは自立に関する筆者の考えをどう思いますか。	
4）宿題 作文のプラン（このエッセイを読んであなたが書きたいこと）	
5）授業 作文プランについての話し合いでもらったコメント	
6）授業 コメントをもらった後で自分が考えたこと	

「あなたなしでは生きてゆけない」
CR 提出シート③

まとめ

提出日　　　　なまえ

あなたにとって「自分が自立している」とはどのような状態ですか。「あなたなしでは生きてゆけない」を読んで考えたこと、クラスメイトと話し合って考えたことをもとに書いてください。

タイトル

ユニット5　私と他者

テーマ作文「私と他者」
CR 提出シート

提出日　　　　　なまえ

あなたにとって他者とはどのような存在ですか。「情けは人のためならず」「自分だけのつぶやきを人に話してもいいの (他)」「あなたなしでは生きてゆけない」を読んで考えたこと、クラスメイトと話し合って考えたことをもとに、自分の今までを振り返り、これからのことを考えながら、書いてみましょう。

タイトル

おわりに

舘岡 洋子

　本書は、「クリティカル・リーディング（CR）」という授業で使用してきたテキストのごく一部を集めて、教材という形にまとめたものです。

　2007年度、2008年度のCRの授業は、市嶋典子さん、古屋憲章さんと舘岡の3人によるチームティーチングで週に3コマ行われていました。その当時に、本書の企画が生まれたのですが、いくつかの理由でそれから6、7年もの歳月が流れてしまいました。その後、授業が置かれている大学の枠組みが変わり、週1コマで担当者もひとりになりましたが、現在に至るまで、舘岡はほぼ同じコンセプトでこのスタイルの授業を続けています。授業の様子は、いくつかの論文に書きましたので（舘岡2010、2011、2012、市嶋ほか2010など（p.14参照））、そちらもご覧ください。

　本書では、授業での活動を単純化して一定の型にまとめましたが、実際には、呼吸をしているように、教材も活動内容も、その都度、変化しています。また、この授業は大学院での実践対象科目になっているため、実習生と履修者である日本語学習者と授業担当者である筆者とがいっしょに創りながら、成り立っています。いっしょに授業を創ってくれた参加者のみなさんに心から感謝いたします。みなさんのおかげで、いつもたくさんの刺激とインスピレーションをもらっています。また、本書のコンセプトに賛同して出版を勧めてくださったひつじ書房の松本功さんに心から感謝申し上げます。

　おそらくCRの授業がそうであるように、本書は筆者が想定した使い方を越えて、自由自在に料理されていくでしょう。教室の場に集うみなさんがよりクリエイティブに学び合える場づくりの材料となれば幸いです。

2015年6月

協力

市嶋 典子（秋田大学）　　　　　ユニット3 担当
古屋 憲章（早稲田大学）　　　　ユニット5 担当

【編著者紹介】

舘岡洋子（たておか ようこ）

早稲田大学大学院日本語教育研究科教授

〈主な著書〉

『ひとりで読むことからピア・リーディングへ―日本語学習者の読解過程と対話的協働学習』（東海大学出版会、2005年）、『ピア・ラーニング入門―創造的な学びのデザインのために』（共著、ひつじ書房、2007年（改訂版、2022年））、『プロセスで学ぶレポート・ライティング―アイデアから完成まで』（編著、朝倉書店、2011年）、『読解教材を作る（日本語教育叢書「つくる」）』（共著、スリーエーネットワーク、2012年）、『日本語教育のための質的研究入門―学習・教師・教室をいかに描くか』（編著、ココ出版、2015年）、『Critical Reading through Collaborative Learning』（監修、ひつじ書房、2019年）、『日本語教師の専門性を考える』（編著、ココ出版、2021年）、『協働が拓く多様な実践』（編著、ココ出版、2022年）ほか。

協働で学ぶクリティカル・リーディング

Learning Critical Reading through Collaboration
Edited by YokoTateoka

発行	2015年7月3日　初版1刷
	2023年2月2日　　　2刷
定価	1700円＋税
編著者	Ⓒ 舘岡洋子
発行者	松本功
ブックデザイン	上田真未
イラスト	中山信一
印刷・製本所	株式会社 シナノ
発行所	株式会社 ひつじ書房
	〒112-0011 東京都文京区千石2-1-2　大和ビル2F
	Tel.03-5319-4916　Fax.03-5319-4917
	郵便振替 00120-8-142852
	toiawase@hituzi.co.jp　https://www.hituzi.co.jp/

ISBN 978-4-89476-540-5　C1081

造本には充分注意しておりますが、落丁・乱丁などがございましたら、小社かお買上げ書店にておとりかえいたします。ご意見、ご感想など、小社までお寄せ下されば幸いです。

ひつじ書房　刊行書籍のご案内

ピア・ラーニング入門　改訂版　創造的な学びのデザインのために
池田玲子・舘岡洋子 著
定価 2,400 円+税　ISBN 978-4-8234-1172-4

アジアに広がる日本語教育ピア・ラーニング
協働実践研究のための持続的発展的拠点の構築
協働実践研究会　池田玲子 編
定価 3,000 円+税　ISBN978-4-8234-1088-8

ピアで学ぶ大学生の日本語表現［第 2 版］
プロセス重視のレポート作成
大島弥生・池田玲子・大場理恵子・加納なおみ・髙橋淑郎・岩田夏穂 著
定価 1,600 円+税　ISBN 978-4-89476-709-6

ピアで学ぶ大学生・留学生の日本語コミュニケーション
プレゼンテーションとライティング
大島弥生・大場理恵子・岩田夏穂・池田玲子 著
定価 1,500 円+税　ISBN 978-4-89476-471-2